Lisa Seelig
Elena Senft

»SORRY, HIER SITZT SCHON MEINE TASCHE«

Und was im Alltag
sonst noch nervt

Fischer
Taschenbuch
Verlag

Veröffentlicht im Fischer Taschenbuch Verlag,
einem Unternehmen der S. Fischer Verlag GmbH,
Frankfurt am Main, August 2012

© S. Fischer Verlag GmbH, Frankfurt am Main 2012
Satz: Dörlemann Satz, Lemförde
Druck und Bindung: GGP Media GmbH, Pößneck
Printed in Germany
ISBN 978-3-596-19451-3

Inhalt

Beim Einkaufen

Medien und Kommunikation

Freizeit, Sport und Tiere

Die eigenen vier Wände – Wohnen, Nachbarn, Umzugskisten

Im Urlaub und danach

177 »Da würd ich an deiner Stelle nicht reingehen ...«

178 »Ach, kostet nichts? Kann ich davon auch zwei haben?«

180 »Ich glaub, wir sind schon voll.«

182 »Das Schicksal der sibirischen Tiger ist Ihnen also egal?«

185 »Und wie sieht der Ausfluss denn nun genau aus?«

186 »Super schön, dass man im Oktober noch draußen sitzen kann ...«

188 Schwanzwedelnd wackelt der Hund von dannen, während der Fußgänger würgend sein Schuhprofil an der Bordsteinkante abschabt.

Vorwort

Leute, die im Kino ihren Rucksack auf dem Sitz neben sich platzieren. Leute, die als erste Amtshandlung im Flugzeug ihren Sitz nach hinten schnellen lassen und einem damit fast den Schädel einschlagen. Leute, die Besucher nötigen, ihre Schuhe auszuziehen und im Flur ein Wandregal mit miefigen Hauspantoffeln installiert haben. Leute, die im Kino laut lachen, um zu signalisieren, dass sie den Witz auch echt verstanden haben. Leute, die in der Oper kollektiv husten, sobald das Orchester eine zweisekündige Pause macht. Und auf der anderen Seite: Leute, die sich über das alles prächtig echauffieren können. Aus diesem Zusammenspiel entsteht das Gegenteil von sozialem Kitt, nämlich eine aufregende, hochexplosive Mischung aus kleinen Aggressionen und unsouveränem Kopfschütteln, die den Alltag so unterhaltsam macht.

Für das zwischenmenschliche Miteinander gilt: Die Doofen sind immer die anderen. Und: Nerven tun immer die, auf deren Seite man sich gerade selbst nicht befindet. Ist man an einem Tag noch als Radfahrer betrunken und ohne Licht über die rote Ampel gerauscht, brüllt man am nächsten Tag als Autofahrer dem rücksichtslosen Radfahrer mit überschlagender Stimme Verkehrsregel-Merksätze hinterher.

Natürlich gibt es immer auch die Leute, die sich damit brüsten, nur »ihr Ding« zu machen, und verächtlich darüber staunen, worüber andere sich so aufregen können. »Lass die doch machen«, solche Sachen sagen diese Leute dann immer ein bisschen überheblich, und man selbst steht da wie ein cholerischer Idiot, unfähig, unerhebliche Lästigkeiten von den wirklich wichtigen Dingen im Leben zu unterscheiden. Blind vor Wut Rolltreppenblockierer aus dem Weg zu walzen, während man sich doch einfach über das so gewonnene kurze Innehalten freuen könnte!

Und genau hier liegt der Fehler: Wie öde wäre der Alltag, wenn man sich nicht mehr über dessen Zumutungen aufregen könnte? Ein Alltag ohne Fremdschämen? Eine trostlose Vorstellung. Klar könnte es einem theoretisch egal sein, dass der Typ gegenüber in der U-Bahn getrocknete Tomaten in Öl, direkt aus dem Glas gegessen, für einen geeigneten Snack hält oder dass der Mann im Restaurant seine zu heiße Suppe trotzdem – begleitet von unappetitlichen Luft-Einsaug-Geräuschen – herunterstürzt. Die Leute, die sich darüber nicht aufregen, wissen nicht, was ihnen entgeht:

Ein bisschen mit Hass kochen über den Typen, der mit dampfendem Döner ins Kino geschlurft kommt, und schon ist die halbstündige Serie von Werbespots im Stil der späten achtziger Jahre, die auf Cocktailbars in der Innenstadt aufmerksam machen sollen, wie im Flug vergangen; die U-Bahn-Fahrt ins Büro gerät kurzweilig, wenn man sich mit Leidenschaft über den Idioten aufregen kann, der seinen nicht abgeschnallten Rucksack als Abrissbirne benutzt; und die Zugfahrt von München nach Berlin kam einem kürzlich weit weniger lang als die angesetzten sechs Stunden vor, was sicher daran lag, dass man sich ausschweifend über das mittelalte Paar aufregen konnte, das nach fünf Minuten Fahrt wohlig die dampfenden Wanderstiefel auszog und strumpfsockig die Tupperware mit Apfelspalten und gekochten Eiern auspackte.

Natürlich funktioniert das ganze Ärgern nur deshalb so gut, weil fast jeder Mensch in der Lage ist, seine eigenen Marotten auszublenden. Dieser Mechanismus der Verdrängung funktioniert im Alltag prima, denn natürlich müsste jedem klar sein, dass er ebenso oft wie jeder andere Anlass zum Aufregen bietet und sich so als Zumutung für andere erweist.

Zwar hat man noch neulich den DJ auf einer Hochzeitsfeier zur Verzweiflung getrieben, weil man alle zwanzig Minuten in dessen Kanzel eindrang und ihn drangsalierte, bis er endlich was von Bruce Springsteen spielte? Egal, zwei Wochen später lässt es sich ganz prächtig echauffieren über die albernen Hühner, die auf der Betriebsfeier unbedingt was von Justin Timberlake hören wollen.

Eben noch aufgeregt über die Begleitung, die im Restaurant ihr Steak mindestens vier Mal zurückgehen lässt, ehe die Nuance von »medium« ihren Vorstellungen entspricht? Nebensache, den Kellner selbst mit diversen Extrawürsten zu behelligen, weil man nun mal abends zurzeit auf Kohlenhydrate verzichtet.

Und manchmal ist es natürlich nichts anderes als blanker Neid. Aus keinem anderen Grund gerät man derart in Wallung, wenn man auf den im Flugzeug selig mit offenem Mund schlafenden Mitreisenden schauen muss, während man selbst seit acht Stunden vor sich hin stiert, um unkontrolliert aus einem offenen Mund rinnende Speichelfäden zu vermeiden.

Viel Spaß beim Lesen
wünschen
Lisa Seelig und Elena Senft

Unterwegs

»Sorry, hier sitzt schon meine Tasche!«
Wenn Leute meinen, ihr Gepäck bräuchte auch einen Sitzplatz

Es passiert mit Tüten, Taschen, Jacken oder Rucksäcken; an Flughäfen, in Kinos oder dem öffentlichen Nahverkehr: Neben einer Person thront, auf einem eigenen Sitzplatz, ein Gepäckstück. Eigentlich, würde man meinen, wäre der Sitzplatzmangel ganz einfach zu lösen: Nämlich indem der Rucksack-, Taschen- oder Tüteninhaber eifrig und unverzüglich seinen Krempel vom Sitzplatz räumt, um Platz für ein Passagier- beziehungsweise Kinobesuchergesäß zu schaffen. Die Realität aber sieht trostlos aus: Im schlimmsten Fall fällt auf das vorsichtig-schüchtern geäußerte Begehren, auf dem blockierten Sitz Platz nehmen zu wollen, eben dieser Satz: »Tut mir leid, hier sitzt schon mein Rucksack.«

Die mildere Variante geht so: Der sitzende Mensch schnauft, verdreht die Augen, starrt zu Boden, hievt Tasche, Einkaufstasche oder Rucksack genervt zwischen die eigenen Beine oder auf den Boden und bringt für den Rest der Fahrt durch genervtes Stöhnen zum Ausdruck, dass er nicht genug Beinfreiheit hat und jeden Moment mit einer tiefen Venenthrombose zu rechnen ist.

Der zugestiegene Fahrgast ist zu Recht empört, schließlich muss er mit der Gewissheit fertig werden, in den Augen seines Sitznachbarn weniger anspruchsberechtigt auf einen Sitzplatz zu sein als ein Gepäckstück. Eigentlich sollte doch jeder schon beim Zusteigen neuer Passagiere höflichkeitshalber das eigene Zeug an sich raffen, um den Sitzplatz neben sich freizumachen – warum passiert das nicht?

Neben Egoismus und Faulheit bieten sich einige weniger vernichtende Gründe an: Zum Beispiel ist das Phänomen auch gut auf Flughäfen zu beobachten, insbesondere in den Wartehallen von Billigfluglinien, die ihre Passagiere in enge Hallen pferchen wie Schlachtvieh. Offenbar folgen sie der Kalkulation, für zwei Billigflugpassagiere würde in der Wartehalle ein Sitz ausreichen, weshalb die Hälfte sich ohnehin Krampfadern in die Waden stehen muss, ehe man über einen windigen Pfad zum Flugzeug geführt wird, stets in Angst, von den riesigen, dröhnenden Turbinen angesaugt zu werden.

Viele der spärlich vorhandenen Plastikschalensitzgelegenheiten also sind in den Wartehallen von ledernen Weekendern oder geräumigen Handtaschen blockiert – was dem Besitzer unabstreitbare Vorteile bringt: Etwa nur eine Armlänge Entfernung bis zur selbstgeschmierten Schinkenstulle, die angesichts der nicht vorhandenen Verpflegung an Bord bereits in der Wartehalle verspeist wird. Außerdem setzt sich der Schmutz der Wartehallenfliesen nicht am Unterboden des Weekenders fest.

Dafür in Kauf zu nehmen, Mitpassagiere stehen zu lassen, ist natürlich nicht in Ordnung. Womöglich ertappt man sich allerdings von Zeit zu Zeit selbst dabei, die eigene Handtasche oder den Rucksack als perfides Abwehrmittel gegen lästige Mitreisende zu nutzen: Zum Beispiel, wenn man einfach mal keinen Bock drauf hat, im ICE sechs Stunden lang neben einem Mann zu verbringen, der schon vor dem ersten Halt seine Schuhe ausgezogen hat und wohlig die dampfenden Zehen kreisen lässt. Fast jeder wird sich schon einmal dabei erwischt haben, eine aufgefächerte Zeitung oder die Reisetasche auf dem Nachbarsitz zu deponieren, in der Hoffnung, dass all jene, die später zusteigen und ihre Koffer und Rucksäcke vorbeiwuchten, nicht kapieren, dass da außer der Zeitung oder dem Gepäck niemand sitzt, oder zu schüchtern oder stolz sind, um nachzufragen. Man selbst starrt verbissen und betont vertieft in ein Buch, während die zugestiegenen Fahrgäste den Gang entlangächzen und sich suchend umblicken. Verlangsamt einer sein Tempo nahe des eigenen Sitzplatzes, betet man still, er möge weitergehen … um dann »Ach klar, natürlich ist hier noch frei« zu flöten, wenn sich doch jemand erdreistet, zu fragen, ob hier noch frei sei.

Besonders im Kino ist »Hier sitzt schon meine Jacke« ein öfters zu hörender Satz. Schon klar, keiner will den eigenen Rücken mit Falten werfenden, dicken Stoffstücken belasten; und auf die vordere Lehne kann man das Kleidungsstück nicht platzieren, weil sonst das Fremdhaar des Vordermanns darauf seine Spuren hinterlassen könnte. Warum gibt es im Kino eigentlich keine Garderobe?

»Die Wilmersdorfer Straße, das müsste, glaube ich, die nächste links sein, oder? Lassense mal sehen …«
Manchmal wäre »Keine Ahnung« die viel schönere Antwort

Wer eine fremde Person nach dem Weg fragt, ist meist sowieso schon genervt: Die eigene Navigation hat versagt, weil man entweder den Stadtplan vergessen hat oder – noch schlimmer – trotz Stadtplan nicht in der Lage ist, sich zurechtzufinden; man möchte also nichts weiter, als von der fremden Person in kurzen, klaren Sätzen Regieanweisungen zu erhalten (»200 Meter geradeaus, dann links die Goethestraße, nach 100 Metern rechts in die Wilmersdorfer«). So weit die Idealvorstellung.

In der Realität läuft es aber so: Erst mal holt man sich zwei bis drei Abfuhren, weil die gefragten Passanten »leider auch nicht von hier« sind. Und dann gerät man an die wirklichen Nervensägen: Leute, die den Weg ganz offensichtlich auch nicht kennen, das wird innerhalb von wenigen Sekunden klar (»Ach, Mensch, na, die Wilmersdorfer, also ist die nicht/geht die nicht …«).

Die adäquate Reaktion wäre nun, dem Verirrten bedauernd mitzuteilen, leider nicht helfen zu können. Stattdessen ist der Ehrgeiz des Ahnungslosen geweckt, der unbedingte Wille entstanden, den Verlorenen auf den rechten Weg zu schicken. Also lässt er es sich nicht nehmen, munter auf seiner Laugenstange weiterkauend, sich verbündend über den Stadtplan zu beugen und Mutmaßungen anzustellen. Oder der Ahnungslose grabscht sich den Falk-Stadtplan, auf den man ohnehin schon extreme Aggressionen entwickelt hat, da man weiß, dass man ihn nie wieder wird zusammenfalten können, und braucht erst mal eine geschlagene Minute, bis er den eigenen Standort überhaupt gefunden hat.

Warum passiert das so oft? Einheimische wollen es sich schlichtweg nicht eingestehen, keine Ahnung zu haben, obwohl sie womöglich seit dreißig Jahren dieses Gebiet besiedeln. Ortsfremde wiederum verbünden sich mit dem Fragenden – wär' doch gelacht, die Wilmersdorfer Straße nicht zu finden, wo man sich doch sogar auf Mallorca und der Dominikanischen Republik bewegt wie ein Fisch im Wasser!

Hinzu kommt: Als Fragender ist man auch auf sich selbst sauer. Weil er sich gleich hätte denken können, dass das Paar um die vierzig in identischen Jack-Wolfskin-Jacken nicht die richtigen Ansprechpartner sind.

Also sieht man innerlich kochend dabei zu, wie fettige Finger den Stadtplan entlangfahren und dazu beschwörend geraunt wird: »Wir sind ja jetzt hier in der Bornholmer, die zweite rechts müsste dann eigentlich die Schivelbeiner sein … nee, Quatsch, die läuft ja parallel …«

Am liebsten würde man einfach rufen: »Geben Sie doch einfach zu, dass Sie auch keine Ahnung haben!«, und den Stadtplan aus den fremden Fingern reißen. Stattdessen hört man den unbrauchbaren Orientierungsversuchen zu und nickt gehorsam.

Nicht weniger ärgerlich: Mit dem Auto unterwegs, der Beifahrer hat den Auftrag, durchs heruntergekurbelte Fenster einen Fußgänger oder jemanden, der gerade sein Auto wäscht oder die Hecke stutzt, um Rat zu fragen. Ungeduldig scharrt der Fahrer am Gaspedal; der Gefragte überlegt erst mal ausführlich, um dann eine kleine Familienkonferenz einzuberufen (»Helmut, kommst du auch mal«). Die einheimische Familie gruppiert sich staunend um den PKW, um nach fünf Minuten gemeinsamer Beratungen ratlos mit dem Kopf zu schütteln.

Dieser Auftritt wird lediglich noch übertroffen von Leuten, die erst keine Ahnung haben und sich dann eifrig an die Fersen des Verirrten heften, um ihn zum nächsten öffentlichen Stadtplan an der Bushaltestelle zu begleiten.

Trotz Kopfschüttelns prangt innerhalb von Sekunden ein Herz aus Spülwasser auf der Windschutzscheibe.
An roten Ampeln lauert der Feind

Das Spülwasserherz verärgert, weil man sich manipuliert fühlt: Die eigene Bewegungslosigkeit wird schamlos ausgenutzt. Gefangen im Inneren seines Wagens fühlt man sich an der roten Ampel beinahe wie ein Patient mit Locked-In-Syndrom, sämtlicher Ausdrucksmittel beraubt. Normalerweise würde man dem freundlich lächelnden Punk, der sich dem eigenen Auto nähert, mündlich zu verstehen geben, dass kein Interesse an der Säuberung der Windschutzscheibe besteht. So bleibt einem nichts anderes übrig, als mit zusammengebissenen Lippen und gekräuselter Stirn energisch mit dem Kopf zu schütteln oder hilflos »Nei-ein« zu rufen, was im Inneren des Wagens kläglich verhallt. Der Punk lächelt entwaffnend und malt das Spülwasserherz auf die Scheibe. Er weiß genau, dass die Naiven jetzt resigniert lächeln und ihn gewähren lassen und selbst die Hardliner sich nicht mehr trauen, ihn mit körperlicher Gewalt an seiner Putzaufgabe zu hindern. Erst faucht der Hardliner in Richtung seines Beifahrers »Aber kriegen tut der nichts«, um dann doch im Portemonnaie nach ein paar Münzen zu kramen, während die Hintermänner aggressiv hupen.

Das Schaumwasserherz ist ein doppelt perfider Schachzug: Zum einen werden viele weich angesichts dieser fast zärtlich anmutenden Geste, zum anderen wäre es auch ein bisschen unpraktisch, weiterhin die Reinigung zu verweigern – denn ginge der Fensterputzer jetzt unverrichteter Dinge Mittagspause machen, bliebe man mit verschmierter Fensterscheibe zurück.

Kaum jemand freut sich über den nahenden Fensterputzer, selbst wenn die Frontscheibe tatsächlich eine Grundreinigung vertragen könnte: Die automatisierte Abwehrreaktion ist »Bleib mir bloß vom Leibe« – aus Prinzip, weil man es nun mal nicht korrekt findet, wenn einem etwas aufgedrängt wird, wonach man nicht gefragt hat. Also schüttelt man mit Klebstoff zwischen den Lippen und Grabesmiene den Kopf.

Erst später, beim verschwommenen Blick durch die von

Blütenstaub, Insektenleichen und Vogelkot verklebte Fensterscheibe, kommt einem der Gedanke, dass eine Scheibenreini-
gung vielleicht gar keine so blöde Idee gewesen wäre.

Zentimeter für Zentimeter wandert der Ellenbogen des Nachbarn unaufhaltsam ins eigene Terrain.
Die Armlehne als Zankapfel

Was haben sich die Hersteller von Flugzeug- oder Reisebussit-
zen dabei gedacht, als sie beschlossen, zwei Passagiere könnten sich eine Armlehne teilen? Eine Armlehne von etwa sieben
Zentimetern Breite kann unmöglich von beiden genutzt werden, zumindest nicht gleichzeitig. Ritualisierte Empörung ist
somit vorprogrammiert: Selbst Leute, die ihre Armlehne vielleicht momentan gar nicht brauchen, weil sie gerade »Termi-
nator 3« im Boardprogramm gucken und dabei Fingernägel
kauen, entwickeln aus Prinzip eine Aggression gegen den Sitznachbarn, der feist seinen behaarten Unterarm in Richtung
des eigenen Wohlfühlbereichs stößt. Denn die Armlehne ist ja
eine Art Grauzone, ein weißer Fleck auf der Landkarte, ein
Grenzgebiet, das theoretisch beide und doch keiner für sich
beanspruchen kann. Woher nimmt der Kerl neben einem dieses Selbstbewusstsein, ohne vorher zu fragen, etwas zu nutzen, das nicht nur ihm zusteht? Würde tatsächlich mal jemand sagen: »Ich würde sehr gerne die Armlehne benutzen,
hätten Sie womöglich etwas dagegen?«, würden wohl die
allermeisten reflexartig »Aber nicht doch« flöten.

Weil das aber nie passiert, muss die Frage geklärt werden,
welches Recht hier angewendet werden muss: das des Stärke-
ren oder des Schnelleren?

Man hat zwei Möglichkeiten: Schmollend klein beigeben

und den eigenen Arm zurückziehen, sobald man spürt, wie der Arm des Sitznachbarn gegen den eigenen drückt; oder eisern dagegenhalten, eine Art Armdrücken mit dem Ellenbogen. Im Regelfall tun beide dann so, als würden sie den Ellenbogenkampf gar nicht bemerken.

Die einfachste Lösung wäre, den Sitznachbarn darauf hinzuweisen, dass pro Passagier nur eine Breite von 3,5 Zentimetern als Ruheplatz für den Arm zu Verfügung stehe und deshalb eine vernünftige Lösung gefunden werde müsse, die allen Bedürfnissen gerecht wird. Dann müsste man vorschlagen, sich abzuwechseln, nach einer Stunde etwa die Armlehne für den anderen zu räumen. Das ist allen Beteiligten dann aber doch ein bisschen zu blöd.

Sanft legt sich eine fremde Hand von hinten auf die Schulter, jemand raunt: »Darf ich mal?«
Vom unangemessenen Umgang mit Körperkontakt

Kaum jemand mag es, von fremden Leuten angefasst zu werden. (Traurige Ausnahme sind Leute, denen mangels sonstiger Intimkontakte ein wohliger Schauer den Rücken hinabgleitet, wenn ihnen beim Security-Check am Flughafen eine kratzbürstige Mittvierzigerin ruppig mit dem Körperscanner auf der Kleidung herumfährt.) Deshalb löst folgendes Verhalten stets einen aggressiven Schauer aus: Jemand will an einer ihm völlig fremden Person vorbei, die ihm im Wege steht, etwa an der Supermarktkasse. Anstatt diesen Wunsch durch einen dieser Situation angemessenen Satz (etwa: »Könnte ich bitte mal vorbei?«) zu äußern, bahnt sich die Person tonlos ihren Weg: Stumm fasst sie die unbekannte Person ganz sanft mit spitzen Fingern von hinten an der Schulter und schiebt sie ganz, ganz sachte beiseite. Die so geleitete Person soll quasi wie an einem unsichtbaren Faden in die richtige Richtung gleiten und die Passage frei machen.

Dieses Verhalten hat etwas höchst Anmaßendes – als sei man ein Möbelstück, das im Weg steht und deshalb zur Seite geräumt werden müsste. Seine Verachtung bringt man natürlich dann nicht angemessen zum Ausdruck. Statt »Pfoten weg!« zu fauchen reagiert man zunächst verdattert, dann zieht man einen Flunsch und trippelt gehorsam zur Seite. Der Anfasser wiederum bahnt sich hochnäsig den Weg zu seinem nächsten Opfer.

Ebenfalls zu wenig Distanz wahren Leute, die einem bei der Begrüßung zu nahe kommen. Während sie eine gefühlte halbe Minute lang die Hand im Takt ihrer Worte schütteln und vergessen, diese wieder loszulassen, hängt einem das Gesicht des Gegenübers wenige Zentimeter vor der eigenen Nase. Als Grundregel sollte jeder verinnerlichen: Bei der Begrüßung stets so viel Abstand halten, dass der andere nicht darauf schließen kann, was bei der letzten Mahlzeit gegessen wurde.

Befremden lösen natürlich auch diejenigen aus, die ihrem Gegenüber beim Gespräch permanent die Hand auf die Schulter oder das Knie legen, um Nähe und Verständnis zu signalisieren.

Und immer wieder ärgerlich: Zwei Personen kommen sich entgegen, beispielsweise auf dem Gehsteig, und eine Art russisches Roulette beginnt: Beide wissen nicht, in welche Richtung der andere ausweichen wird – falls er überhaupt ausweicht. Man selbst entscheidet sich eher intuitiv als gezielt für eine Richtung und versucht ein herzlich-verlegenes Lächeln, falls der andere wie ein Spiegelbild in dieselbe Richtung ausweicht und man wie in einem doofen Sketch fast zusammenprallt. Nervig sind solche Entgegenkommer, die angesichts von hin- und herwankenden Passantenkörpern ungeduldig die Augen rollen. Andere wiederum besitzen die Unverfrorenheit, einfach gar nicht auszuweichen, sondern stoisch ins Ungefähre starrend geradeaus zu walzen. Jedes Mal nimmt man sich vor, beim nächsten Mal nicht schon wieder Schwäche zu zeigen und selbst mal auf Kurs zu bleiben – um Sekundenbruchteile vor einem Zusammenstoß dann doch wieder auszuscheren. Der Entgegenkommende hat das natürlich eiskalt einkalkuliert und zieht triumphierend im Stechschritt von dannen.

»Führerschein im Lotto gewonnen, Drecksack?«
Fußgänger versus Radfahrer versus Autofahrer

Es gibt im Straßenverkehr drei Lager: Fußgänger, Fahrradfahrer, Autofahrer. Seit neuestem bilden außerdem Segway-Fahrer eine moderne Randgruppe, die es durchaus wert wäre, in einem eigenen Kapitel abgehandelt zu werden. Das Verhältnis der klassischen Lager ist von einer gesunden Portion Hass geprägt, was ein bisschen schizophren ist, schließlich gehören fast alle Menschen zeitweise mindestens zu zwei Lagern. Das hindert sie aber nicht daran, dem jeweils anderen Lager mittels kräftiger Aggressionsschübe das Verkehrsleben zur Hölle zu machen.

Fahrradfahrer lassen diesbezüglich am wenigsten anbrennen: Der Autofahrer will eine Ausfahrt verlassen, hat sich ganz vorsichtig ein paar Zentimeter über die Fahrradwegbegrenzung gewagt und ist dann stehen geblieben, weil er sonst kamikazeartig, ohne zu sehen, ob frei ist oder nicht, in die Straße einfädeln müsste. Von links naht ein Fahrradfahrer mit windschnittigem Fahrradhelm, denkt gar nicht daran, kommentarlos ganz einfach zwanzig Zentimeter auszuweichen, sondern haut dem Autofahrer mit voller Kraft eins auf die Motorhaube, nicht ohne etwas wie »Keine Augen im Kopp?« zu fluchen.

Der Fahrradfahrer fühlt sich in seiner schutzloseren Position, die er im Straßenverkehr einnimmt, dem Autofahrer moralisch überlegen. Zum einen hält er sich erstaunlicherweise für unverwundbar, weswegen er sämtliche eigentlich auch für ihn geltende Verkehrsregeln (z. B. rote Ampeln) konsequent ignoriert. Zudem hat er kein Problem damit, nach fünf Halben Bier und diversen Schnäpsen völlig besoffen aufs Fahrrad zu steigen. Gleichzeitig ist er davon überzeugt, dass Autofahrer nach nichts mehr trachten, als ihn am Boden zu sehen. Schläge auf alle möglichen Teile von ihm nahe kommenden PKWs sind seine tägliche Routine. Pirscht er sich aus dem toten Winkel nach vorn, haut er vorsorglich schon auf die Beifahrerscheibe, bevor man überhaupt den Gedanken entwickeln konnte, rechts blinken zu wollen.

Wer wiederum als Radfahrer kein Problem damit hat, Einbahnstraßen falsch rum zu befahren und als Fußgänger rote Ampeln für übertrieben hält, der entwickelt plötzlich einen Erziehungsauftrag, sobald er sich hinter das Steuer eines PKW begibt. Wenn Fußgänger vor ihm die Fahrbahn überqueren, hupt er vorsorglich aggressiv, auch wenn er gar nicht abbremsen musste. (Solche Autofahrer lassen beim Reißverschlussverfahren auch niemals ein zweites Auto einfädeln, sondern docken lieber vorsorglich mit der Nase ihres Wagens am Nummernschild des Vordermanns an.)

Fußgänger wiederum vergessen, mit welchen Aggressionen sie als Fahrradfahrer und Autofahrer unterwegs sind, und gehen ganz einfach davon aus, dass diese schon warten werden, wenn sie gemächlich über rote Ampeln schlendern oder, ohne nach links und rechts zu gucken, mit blindem Gottvertrauen eine Kreuzung betreten.

»Können wir bei der nächsten Raststätte noch mal halten? Müsste noch mal für kleine Königstiger ...«
Wenn die Mitfahrgelegenheit zur Zumutung wird

Natürlich ist die Person am Steuer selbst schuld. Wenn sie nicht so knauserig wäre und die 1,60 Euro pro Liter Super einfach schlucken würde, könnte sie die fünf Stunden von Berlin nach München durchheizen und nach eigenem Gusto gestalten, also dabei Bifi futtern und die selbstgebrannten Soft-Metal-CDs rauf und runter hören. Wer allerdings nicht allein im Auto ist, traut sich nicht, zu hundert Prozent aus sich herauszugehen.

Also nuckelt der Fahrer brav an einer Cola, wählt einen unverdächtigen, mehrheitsfähigen Radiosender und drosselt zähneknirschend das Tempo, weil die Mitfahrerin, die im telefonischen Vorgespräch nicht erwähnt hatte, dass sie mit Katze reist, gerade über deren Blasenschwäche in Stresssituationen referiert hat.

Es ist einfach zu verlockend, die schmerzhaften Ausgaben für Benzin erheblich zu reduzieren und im Internet die freien Sitze als Mitfahrgelegenheit zu inserieren. Die Mitfahrer, die man dann an entlegenen Autobahnraststätten oder vor McDonald's am Hauptbahnhof aufgabelt, sind in der Regel an ihren riesigen Gepäckstücken zu erkennen (telefonische Beschreibung: »Ich hab nicht viel dabei.«) Die Fahrt wird also ohne Sicht nach hinten angetreten, weil beim Blick in den Rückspiegel nur ein wurstförmiger, flusspferdgroßer Backpackerrucksack in Erscheinung tritt. Die Mitfahrer machen es sich auf der Rückbank bequem, drehen schon mal ein paar Zigaretten auf Vorrat und müssen nach spätestens fünfzig Kilometern mal raus zur Toiletten- und Zigarettenpause. In der Regel haben sie kein Geld dabei (»Vielleicht können wir kurz am Automaten halten«) und wenn doch, nur in Form von Fünfzig-Euro-Scheinen (»Du kannst doch wechseln?«).

Am Telefon hatte man sich noch darauf geeinigt, sich am Hauptbahnhof des Zielortes zu trennen. Dank der Blendungskünste des Mitfahrers (»Eigentlich könntest du mich auch direkt in der Südstadt absetzen, kommt aufs selbe raus«) steigt dieser fröhlich winkend vor der eigenen Haustür aus, während sich die Person am Steuer noch zwei Stunden durch den Innenstadtverkehr quält.

Wer sich umgekehrt in der Rolle des Mitfahrers befindet, ist natürlich empört, wenn er sich gemeinsam mit sieben weiteren Personen in einem verrotteten Sprinter auf Sitzbänken zusammengepfercht wiederfindet. Der Fahrer hat den Menschentransport offenbar zu einem finanziellen Standbein gemacht – vielleicht hätte man skeptisch werden sollen, als man in der Anzeige las, dass er die Strecken Düsseldorf–Hamburg und Hamburg–Düsseldorf jeweils jeden zweiten Tag anbietet.

»Da ist man mit der Bahn aber zehnmal schneller da.«
Mag sein, Klugscheißer, aber darum geht's nicht immer

Andere Menschen um einen Gefallen zu bitten oder gar auf sie angewiesen zu sein ist vielen Menschen unangenehm. Ein Anliegen abzuweisen ist das eine; wenn der Bittsteller aber auch noch dezent darauf hingewiesen wird, dass sein Anliegen nicht nur unsinnig, sondern auch umweltschädlich, bequem und undurchdacht war, ist dessen Reflex, dem anderen seinen gezückten Plan mit dem Liniennetz des Nahverkehrs um die neunmalklugen Ohren zu hauen, nachvollziehbar.

Ein einfaches »Könntest du mich eben mit dem Auto zum

Kino fahren?« wird nämlich oft reflexartig mit dem Totschlagargument »Da bist du mit der Bahn doch zehnmal schneller da!« abgebügelt, obwohl natürlich klar sein müsste, dass dies erstens oft nicht stimmt und es vor allem aber genau darum nicht geht. Der renitente Autobesitzer lümmelt sich ruhigen Gewissens zurück in die Sofakissen, während der Kinogänger sich seine Regenpelerine überzieht, seine Schuhe noch mal neu imprägniert und sich bei beißendem Ostwind in die kalte Dunkelheit der Straße schlägt und sich nicht traut, auf das Argument etwas zu erwidern. »Da musst du am Gleisdreieck den Ersatzverkehr nehmen und dann am Alex einmal in die U2 umsteigen, das geht ruckzuck!«, ruft der Autobesitzer vielleicht noch hinterher.

In Wirklichkeit ist der Fragende selbstverständlich zu faul, an der Haltestelle auf die unbequeme Bahn zu warten, zwanzig Minuten in der Bahn zu stehen und von der Haltestelle zum Kino zu laufen. Er zieht es vor, womöglich eine halbe Stunde länger unterwegs zu sein und dafür bräsig in der voll aufgedrehten Sitzheizung eines PKW zu lümmeln, anstatt die Strapazen des Nahverkehrs oder gar des Fahrrads auf sich zu nehmen.

Mit »Da ist man mit der Bahn doch zehnmal schneller da!« kanzelt man den Antragsteller mit nur einem Satz ab und ist dabei moralisch auf der sicheren Seite. Der Satz ist gleichzeitig eine Reizphrase, mit der Eltern auch ihre längst erwachsenen Kinder unter dem Deckmantel des ökologischen und rationalen Mitdenkens bevormunden, auch wenn sie gar nicht diejenigen wären, die das Haus verlassen müssten, sondern die erwachsenen Kinder vorhaben, ihr eigenes Auto zu nehmen, um etwa nach Hamburg zu fahren. »Nimm doch besser ein Wochenendticket, ich hätte ja keine Lust auf Stau, hier fangen doch morgen die Herbstferien an!«

Gleichwohl ist es verständlich, dass man auf die Frage »Mein Flug nach Hannover, den ich lediglich mit Handgepäck antrete, geht morgen früh um neun, wir müssten etwas früher los, um nicht in den Berufsverkehr zu geraten, kannst du mich bringen?« keine Lust hat, sofort den Schlüssel zu zücken und das Auto zu enteisen. Der zu Befördernde will dann natürlich auch noch bei der nächsten Tankstelle kurz anhalten, weil er seine Zippertüten vergessen hat. Auf dem Rückweg steht man dann alleine so lange im Stau, dass man theoretisch einfach auf den Reisenden warten könnte, um ihn wieder nach Hause zu bringen. Denn mit ziemlicher Sicherheit hat dieser bereits darum gebeten, auch wieder abgeholt zu werden. Da allerdings hat man dann das passende Totschlagargument: »Am Flughafen? Da krieg ich doch nie im Leben einen Parkplatz!«

»Das war eine Ordnungswidrigkeit und das ist jetzt schon im System.«
Das ärgerliche Zusammentreffen mit der gemeinen Politesse

Die etymologische Bedeutung der »Politesse« weicht empfindlich von dem ab, was sich in Uniform und mit einem digitalen Lesegerät in der Hand am eigenen Auto zu schaffen macht, sobald man mal zwei Minuten auf dem Behindertenparkplatz gehalten hat, um sich beim Bäcker gegenüber ein Croissant zu holen. Sie taucht aus dem Nichts auf, trägt eine zu große Uniform und kennt keine Gnade.

Warum die handelsübliche Politesse immer zuerst das Auto mehrfach umkreist, bevor sie beginnt, das Kennzeichen in ihr Gerät einzugeben, ist nicht bekannt. Sie mag behaupten, dass sie so nach einer übersehenen Sondergenehmigung sucht, die der Fahrzeughalter aus Spaß lieber auf die Rückbank gelegt anstatt hinter die Frontscheibe geklebt hat. Das Umkreisen erinnert trotzdem an eine Hyäne, die das leblose Aas vor dem Verzehr von allen Seiten begutachtet.

Das Aufeinandertreffen mit einer Politesse (oder schlimmer: mit zweien!) führt einem stets die eigene kafkaeske Ohnmacht gegenüber bestimmten Anordnungen vor Augen, denn niemand hat eine »Anweisung von oben«-Haltung derart stoisch perfektioniert wie die Politesse. Zu ihrer Verteidigung bleibt zu sagen, dass sie sich die harte, resignierte Schale sicherlich deswegen zugelegt hat, weil kaum eine Berufsgruppe mit derartigen Anfeindungen konfrontiert ist.

Sobald der erschrockene Fahrzeughalter aus der Bäckerei gestürmt kommt, packt er ein beeindruckend vielfältiges emotionales Repertoire aus, was zugegebenermaßen auch die Politesse nach einigen Berufsjahren sehr nerven muss: Er beginnt mit Kumpanei (»Ich hatte noch nichts zum Frühstück«), geht über zu den Fakten (»Das waren doch nur zwei Minuten«), lässt Überlegenheit raushängen (»Haben Sie eigentlich nichts Besseres zu tun?«) und endet bei blinder Wut (»Das bezahl ich aus der Portokasse, du Parkwarze!«).

Das roboterhafte Pflichterledigen der Politesse geht dem Autofahrer dennoch zu Recht gehörig auf den Geist. Denn oft umkreist sie bereits das Fahrzeug, während man nur schnell Geld gewechselt hat, um Münzen für den Parkscheinautomaten zu organisieren oder fünfhundert Meter laufen musste, um den nächsten funktionierenden Automaten zu erreichen. Kommt man dann angerannt und wehrt sich gegen den Vorwurf des Falschparkens, wendet die Politesse ihren Blick nicht vom Lesegerät ab, sondern behauptet, nun nichts mehr rückgängig machen zu können, da sich die vermeintliche Ordnungswidrigkeit bereits »im System« befinden würde und daher nicht mehr gelöscht werden könne. Um was für ein geheimes »System« es sich handelt, aus dem nichts, was einmal hineinkam, wieder herauskommen kann, ist ein Rätsel, das nicht mal die Politesse selbst auflösen kann.

»Links gehen, rechts stehen!«
Über diktatorische Tendenzen auf der Rolltreppe

Man hat es gerade sehr eilig. Denn es ist zehn vor acht und man muss im dritten Stock der Shopping-Mall dringend ein Geschenk kaufen, das man für genau diesen Abend benötigt. Vor einem auf der Rolltreppe allerdings hat sich eine Gruppe gackernder pickliger Teenager breitgemacht, an denen man nicht vorbeieilen kann. Man spürt eine völlig unangemessen brachiale Wut in sich aufsteigen.

Ehe man sich versieht, hört man sich selbst in militärischem Stakkato den entsetzlichen Satz »Links gehen, rechts stehen« sagen, bevor man ruppig einige Teenager aus dem Weg nietet, obwohl man weiß, dass reglementierende Merksprüche unerträglich sind, vor allem dann, wenn sie in Reimform präsentiert werden (etwa auch auf der Toilette: »Bitte sitzen wegen Spritzen«), da sie noch eine bieder-spielerische Note in die meist übergriffige Maßregelung einpflegen.

Meist befindet man sich auf Rolltreppen, wenn man es gerade eilig hat oder sich in einer Stresssituation befindet: Flughafen, Bahnhof, Shopping. Immer aber kommt es einem so vor, als wäre man der Einzige, der es eilig hat, und alle anderen hätten in diesem Moment die Ruhe weg. Sie stehen tumb glotzend mitten auf der Rolltreppe, schleichen auf schmalen Gehwegen zu fünft in einer Reihe nebeneinander, wechseln im

Passantenfluss plötzlich und unangemeldet die Richtung oder bleiben abrupt stehen, während man sich mit einem genervten Stöhnen an ihnen vorbeidrückt. Auch immer wieder ein großes Ärgernis für Rolltreppen-Nazis: Touristenfamilien, bestehend aus Mutter, Vater und zwei riesigen schlaksigen Teenagern mit Basketball-T-Shirts, die mit Kameras um den Hals, Stadtplan und sichelförmigen Joggingschuhen auf der Rolltreppe stehen und sich danach nicht zügig und unverzüglich in die Richtung ihres Ziels in Bewegung setzen, sondern erst mal in der Rolltreppenschneise stehen bleiben, verwirrt in die Sonne blinzeln und sich orientieren müssen.

Selbstverständlich ist es kein Verbrechen, auf der Rolltreppe genüsslich und in aller Ruhe seine Pizza-Zunge zu verspeisen, obwohl der stürmisch Heraneilende noch den letzten Zug nach Frankfurt erwischen muss. Und es gibt natürlich gute Gründe, auch die Rolltreppen-Nazis zu hassen, denen sofort der Kamm schwillt, wenn jemand die ungeschriebenen Gesetze kleinbürgerlicher Ordnungswut ignoriert. Dennoch muss man Verständnis für die Rolltreppen-Aggression zeigen: Denn sie ist ein Ventil, ein Selbstschutz der Betroffenen, die eigentlich auf sich selbst wütend sein müssten, ihren Alltagsstress aber in dieser Nebensächlichkeit abladen. Plötzlich ist man davon überzeugt, nicht die zu späte Abfahrt zum Flughafen sei das Problem oder dass man sich früher als an Heiligabend um die Geschenke hätte kümmern sollen; zweifelsfrei besteht das Problem darin, dass die dicke Eule vor einem mitten auf der Rolltreppe steht oder an der Sicherheitskontrolle schnaufend ihre vierzehn Jackenschichten aufs Band legt und dann selbstverständlich noch die Zippertüte für ihre Neurodermitis-Creme vergessen hat.

Langsam sinkt der Kopf des schlafenden Mannes auf die Schulter des Sitznachbarn.
Über das Schlafen an öffentlichen Orten

Im Reisebus. Der unbekannte Sitznachbar wirkt erschöpft. Nach fünf Fahrtminuten sinkt sein Kopf zum ersten Mal auf die Schulter seines irritierten, hellwachen Sitznachbarn.

Schlafen ist eine intime Angelegenheit. Oft bemüht ist das Bild, wie man den Geliebten im Schlaf betrachtet und in genau diesem feinen, stillen Moment am tiefsten in seine Seele schauen kann. Die Entzauberung des Schlafes ist jedoch enorm, wenn er einem von fremden Menschen aufgedrängt wird. Ist der Fahrgast einmal auf die fremde Schulter gesunken, ist das zweite und dritte Mal nur eine Frage der Zeit. Der ungewollt zur Stütze degradierte Mitreisende ist nun nicht mehr entspannt. Der Schlafende umso mehr.

Nach seinem ersten Fauxpas wird der müde Passagier plötzlich hochschrecken, die durch plötzliche, ungewollte Intimität Verbundenen werden sich ein peinlich berührtes Lächeln zuwerfen. Dieser Vorgang wird sich bis ans Ende der Fahrt alle zehn Minuten wiederholen. Dem von Müdigkeit völlig Bräsigen allerdings wird das Szenario von Mal zu Mal weniger peinlich sein, während der hellwache Sitznachbar immer böser wird. Zu Recht: Der Vorgang im Bus stellt den Archetyp einer Situation dar, in der eigentlich einem anderen Menschen etwas Peinliches passiert und man trotzdem selbst das Gefühl hat, sich in Grund und Boden schämen zu müssen.

Plötzlich geniert man sich für die eigene geringe Blasenkapazität, nur weil der Mann im Zug den Gangplatz gewählt hat und dort schläft, als müsste er sich von einigen Jahren in Guantánamo erholen. Klar, dass er plötzlich die Augen aufschlägt, während man gerade mit gespreizten Beinen über ihm steht und versucht, sich berührungslos über ihn zu wuchten.

In den Widerwillen gegen öffentlich Schlafende mischt sich der Neid auf die Selbstverständlichkeit, mit der sie öffentlich einnicken. Und auf das Selbstbewusstsein dieser Leute, das einem selbst abgeht. Kurz fallen einem vielleicht mal im Flugzeug während der Atlantiküberquerung die Augen zu, aber allein die Vorstellung des eigenen unkontrollierten Speichelflusses aus dem womöglich offenstehenden Mund hält einen danach während der drei folgenden Reese-Witherspoon-Komödien wach, um sich ja nicht noch mal gehen zu lassen. Der Blick auf den wohlig im Sitz lümmelnden Nebenmann, der das schlafende Gesicht auch noch ungeniert in die Richtung seines Sitznachbarn gedreht hat und dabei die gemeinschaftliche Armlehne blockiert, hält einem die eigene Verklemmtheit vor Augen. Während der Schläfer am Reiseziel gutgelaunt und ausgeschlafen mit seinem Rimowa-Köfferchen an einem vorbeizieht, verfestigt sich die Ahnung, dass man selbst etwas falsch macht.

Jemand steigt in die vollbesetzte U-Bahn. Auf seinem Rücken prangt ein praller Rucksack …
Wenn Menschen ihren Rucksack als Abrissbirne benutzen

Blendend gelaunt springt der junge Mann mit dem Igelschnitt mit einem höflichen »Passt das noch?!« als Letzter in die überfüllte Bahn. Die anderen Fahrgäste nehmen ihn wohlwollend nickend in Empfang. Bis sie bemerken, dass der junge Mann nicht alleine gekommen ist: Auf seinem Rücken sitzt prall und feist ein enggeschnallter, zum Bersten vollgepackter

Rucksack. Und der Mann macht keine Anstalten, diesen Zustand zu ändern. Schon wird die erste Person, die beim Anfahren der Bahn den Rucksack ins Gesicht bekommt, sauer.

Die Gedanken des Rucksackträgers sind leicht zu erklären: Warum sollte er den Rucksack absetzen, er steigt doch eh in drei Stationen wieder aus und hat nur einen Stehplatz. Vielleicht sollte man dem Rucksackträger die Wahrheit sagen, denn da er hinten keine Augen hat, weiß er womöglich gar nicht, wie viele Menschen er zwischen den drei Haltestellen angerempelt, wie viele Menschen er bei kleinen Drehungen des Körpers aus dem Weg gemäht hat und dass er seinen dicken Rucksack unbemerkt mindestens eine Minute auf der Schulter einer Mitreisenden abgelegt hat. Dank seines Trägers verhält sich der Rucksack wie ein sehr ruppiger Fahrgast.

Überboten werden die Rucksackträger im Nahverkehr eigentlich nur noch von den Menschen, die mit aufgespannten Regenschirmen an Haltestellen ankommen und dort doppelt trocken unter dem Regenschirm und dem Dach des Bushäuschen stehen, während hinter ihnen Menschen mit geplatzten Augen-Kapillaren stöhnend zu Boden gehen.

Nicht nur in öffentlichen Verkehrsmitteln können Rucksackträger zum Störfaktor werden. Vielleicht ist es der Rucksack an sich, der den Ärger verstärkt, handelt es sich bei ihm schließlich um eines der uncoolsten Accessoires überhaupt. In einer Konzertschlange gegen einen Rucksackträger gedrückt zu werden und seinen eigenen Körper minutenlang wie ein Fragezeichen geformt halten zu müssen, ist eine starke nervliche Herausforderung – von der physischen Belastung ganz zu schweigen. Ebenso nervig ist der Rucksackträger im Café: Froh, einen freien Platz gesichtet zu haben, drängt er sich durch die Reihen, um auf die Sitzbank zu gelangen. Während er sich durch die Nische zweier enger Tische drängt, räumt er mit dem Rucksack alle Getränke der Tischgäste ab. Irritiert durch den aufgrollenden Missmut der Gäste dreht sich der Rucksackträger erschrocken um und will erste Hilfe leisten. Und während er notdürftig die Gläser aufsammelt, wischt der Rucksack dem wütendsten aller Gäste durchs Gesicht.

Statt auszuparken, wird erst mal in aller Ruhe die Currywurst verspeist.
Über Menschen, die ohne Berechtigung Parklücken blockieren

Samstagvormittag auf dem Parkplatz eines großen schwedischen Möbelhauses. Man kurvt die hundertste Runde durchs Automeer auf der Suche nach einem Parkplatz. Man überfährt fast absichtlich ein paar lahme Menschen mit vollgepackten Einkaufswagen. Endlich sieht man zwei Leute in einen parkenden PKW einsteigen. Man gibt Gas und rast hin. Dann wartet man. Es passiert nichts. Unruhe macht sich breit. Als man näher heranfährt und mit dem Fahrer fragend Blickkontakt aufnimmt, zuckt dieser mit den Schultern und beißt in seinen Hotdog. Er will nicht wegfahren, er will jetzt erst mal in Ruhe essen.

Darf der das? »Nein!«, denkt der Parkplatzsuchende. Denn im einigermaßen aggressionsfrei verlaufenden Verkehrsalltag müssen die Rädchen ineinandergreifen, damit man sich nicht an die Gurgel geht. Einparken, Einkauf tätigen, unverzüglich wegfahren, das muss ruckzuck gehen. Und gegessen wird zu Hause. Der angespannte Parkplatzsuchende wird durch sein eh schon angegriffenes Nervenkostüm intolerant, obwohl er sicher selbst auch schon mal einen Schluck Wasser getrunken hat, bevor er einen Parkplatz geräumt hat. »Natürlich!«, denkt der Parkplatzinhaber auf die selbe Frage und leckt sich ein wenig Remoulade aus dem Mundwinkel, denn er hat schließlich auch stundenlang nach diesem Parkplatz gesucht und sich dann noch am Samstagmittag durch ein überfülltes Kaufhaus gedrängelt, in dem Menschen in Fünferketten im Schneckentempo vor ihm her gebummelt sind, ohne dass man sie überholen konnte.

Das Grundproblem gibt es auch noch in anderen Varianten: Man ist in Eile, findet einen Parkplatz, aber der Fahrer hockt feist in den Polstern seines Wagens und telefoniert. Man selbst giftet wie Rumpelstilzchen im Nebenfahrzeug, was der Telefonierer lediglich mit einem abfälligen Blick quittiert.

Oder: Man hält mit hoffnungsvollem Blick neben dem Auto, dessen Motor gerade angesprungen ist. Doch das Pärchen im Innenraum gibt einem mit bloßem Kopfschütteln zu verstehen, dass sie hier ein Gespräch führen und den Motor nur angelassen haben, um sich aufzuwärmen.

Fehlende Parkplätze sind ohnehin ein großes Reizthema, weil sie ganze Planungen über den Haufen werfen können. Man hat sich pünktlich aus dem Haus begeben, den Berufsverkehr einkalkuliert, hat alles richtig gemacht und ist dann doch völlig machtlos angesichts lückenloser Autoreihen. Umso schlimmer dann natürlich, wenn derjenige, der den Parkplatz hat, ihn doch eigentlich nicht mehr braucht.

Wie viel angenehmer scheinen in diesem Licht auf einmal die schnöden Parklückendiebe, die blitzschnell mit ihrem gepflegten Kleinwagen vor einem in die Parklücke fädeln, obwohl man selbst zuerst da war und sogar den Blinker gesetzt hatte. Die sind immerhin nicht nur bloße Blockierer, sondern brauchten den Parkplatz womöglich ebenso dringend.

Es gibt diverse Tätigkeiten, bei denen man lieber allein ist, weil sie dann einfach besser gelingen und weil ihr Nichtgelingen andere oft zu hochmütigem Amüsement veranlasst. Das Einparken eines PKW gehört zu diesen Tätigkeiten.

Der Vorgang des Einparkens ist oft als Sinnbild unlogischer, mangelnder weiblicher Koordinationsfähigkeit missbraucht worden. »Frauen und Technik« und »Frau am Steuer, das wird teuer«, onkeln die Ehemänner und antizipieren, dass ein Parkvorgang sofort besser gelänge, säße ein Mann am Steuer. Im Kopf entsteht sofort das Bild der hilflos das Lenkrad des türkisenen Nissan Micra wahllos in verschiedene Richtungen reißenden, hektischen Frau, die sich – das angespannte Gesicht etwa zehn Zentimeter von der Frontscheibe entfernt – ungelenk in eine riesige Parklücke manövriert. Ausgeblendet wird dabei, dass jeder ungelenk rudernden Frau fast immer ein Kommandos schreiender Mann im verspannten Nacken sitzt.

Je öffentlicher das Einparken geschieht, desto mehr versagt das Talent der Frau beziehungsweise steigt ihr destruktiver Erfolgsdruck, es richtig machen zu müssen. Ein großes Publikum macht alles schlimmer. Einparken mit Zuschauern ist so, als würde man Autofahren und die Polizei im Rückspiegel sehen: Plötzlich weiß man nicht mehr, ob man in einer 30er-Zone ist, verwechselt den Blinker mit dem Scheibenwischer und macht ein Gesicht wie bei seiner ersten Fahrstunde und einen Schulterblick nach dem nächsten.

Diese Tatsache kombiniert sich ungünstig mit dem Drang vieler ausschließlich männlicher Passanten, der Autofahrerin, die sie qua Geschlecht für unfähig halten, beim Einparken zu-

zuschauen, oder schlimmer: zu helfen. Sobald die Autofahrerin eine Parklücke gefunden hat und auch nur ein einziges Mal nachjustieren muss, taucht plötzlich wie aus dem Nichts ein polteriger Mittfünfziger mit Schnauz auf, postiert sich wie die Parodie eines Verkehrspolizisten auf dem Bürgersteig und beginnt, der Autofahrerin Anweisungen zum korrekten Einparken zu geben. Lautstark macht er dabei noch das gesamte Umfeld mit gebrülltem Fachvokabular (»Kannst, kannst, kannst«, »Einschlagen!«, »Hast noch 'nen Meter Platz!«) darauf aufmerksam, dass es hier gerade was zu sehen gibt. Er selbst wechselt schneidig die Position rund ums Auto, um mal zu winken (»Kannst, kannst«), mal die Hand wie einen halben Hitlergruß auszustrecken (»Stopp!«). Geht das Unterfangen zweimal schief, begibt sich der Einparkhelfer zur heruntergekurbelten Fahrerscheibe, stützt sich dort mit dem Ellbogen auf und hält eine Manöverkritik, bevor es von vorne losgeht. Die Frau beginnt zu schwitzen.

Was ist es, das die Menschen dazu anhält, wildfremden Leuten Einparkhilfe zu geben, auch wenn sie nie auf die Idee kämen, einer Oma die Einkaufstasche nach Hause zu tragen? In Wirklichkeit geht es beim ungefragten Einwinken nicht um Hilfe, sondern um eine sehr gelegene Möglichkeit zu zeigen, wie gut man es selbst hinbekommen würde. Gleichzeitig verbirgt man das eigene Besserwissertum hinter vermeintlicher Hilfsbereitschaft. Nicht von ungefähr ist es immer der gleiche Typ Mensch, der plötzlich im Rückspiegel auftaucht wie ein Racheengel. Seine Hände helfen, sein Blick aber sagt: »Na komm, ich helf dir, sonst schaffst du es ja nie.«

Selbstverständlich gibt es auch nette Leute, die schlicht Mitleid mit dem hektisch kurbelnden Geschöpf im Kleinwagen haben und etwas Gutes tun wollen. Aber auch deren Rettungsprogramm hilft nichts dagegen, dass sich die Autofahrerin, sollte sie nicht zufällig in einer menschenleeren Einbahnstraße parken, vorgeführt fühlt. Sie stoppt schon einen halben Meter, bevor sie das Hinterauto touchieren würde? Mann, kennt die ihr Auto schlecht! Sie verwechselt die Kurbelrichtung? Fährt wohl nicht oft! Das Schlimmste an alledem: Egal welche Variante – sie wird ihrem hilfsbereiten Peiniger danach auch noch danken müssen.

Bei der Arbeit

»Die Geschirrspülmaschine räumt sich leider nicht von alleine aus.«
Problemzone Büroküche

In jedem Büro, in dem mehr als eine Person arbeitet, entbrennen routinemäßig Kleinkriege um das wichtige Gebiet Küche, und meist spielen Spülmaschine und Kühlschrank die tragenden Rollen. Nicht selten wird man nach dem Wochenende so in die neue Woche begrüßt: »Liebe Kollegen, es ist Montagmorgen und bereits jetzt stehen in Nadines Büro auf dem Waschbecken neben der Kaffeemaschine dreckige Tassen einsam und verlassen. Ich würde alle bitten, die Reinigung der eigenen Tassen in Eigenverantwortung zu übernehmen. Wasser und Spülmittel tun der Haut nicht weh.«

Die abgestumpften Kollegen benötigen allerdings mindestens noch eine Mail in schärferem Ton, um tätig zu werden. Die klingt dann so: »Liebe Kollegen, ich bitte nachdrücklich darum, Nadines Bitte zum Abspülen der Tassen nachzukommen. In seiner eigenen Küche und an seinem eigenen Arbeitsplatz kann jeder machen, was er will. Den Arbeitsplatz von anderen einzusauen ist aber schon ziemlich asozial.«

Auch der Bürokühlschrank dient vor allem dazu, die Stimmung ein bisschen zu vergiften. Der Bürokühlschrank, das sollte eigentlich jeder wissen, ist ein Sicherheitsrisiko für mitgebrachte Speisen und Getränke. Wer den Geburtstagskuchen dort zwischenlagert, um später in der Konferenz damit aufzutrumpfen, sollte sich nicht wundern, wenn die unter der Alufolie eigentlich jungfräulich erwartete Oberfläche des New York Cheese Cake größere Lücken aufweist, weil sich ein anonymer Hungriger einfach zu Mittag schon mal ein Stückchen abgeschnitten hat.

Ausgefuchste Kollegen bedienen sich deshalb der Post-it-Methode: Auf ihrem im Supermarkt erstandenen Kartoffel-Eiersalat oder dem großen Ananas-Kokosjoghurt prangt ein kleiner gelber Zettel mit der Aufschrift »Gehört René« oder, nachdrücklicher: »Finger weg! Gehört René!« Umso unverständlicher: Warum lassen René und alle anderen ihren Kartoffel-Eiersalat anschließend für etwa vier Monate im hinteren Bereich des Kühlschranks ausharren, bis seine Bestandteile ein Eigenleben entwickelt haben?

Die regelmäßig am Kühlschrank klebende Drohung, die Putzfrau werde am Montag kommen und allem den Garaus machen, was sich dann noch im Kühlschrank befindet, ist meist nur die Finte irgendeines Verzweifelten, der endlich keine Lebensmittel mit einem Haltbarkeitsdatum von vor eineinhalb Jahren im kollektiven Kühlschrank vorfinden will.

Leute, die noch nicht auf die Post-it-Methode zur Kennzeichnung übergegangen sind oder deren Speisen trotz Post-its angerührt wurden, haben natürlich blockwartmäßig Buch geführt und annoncieren per Mail beleidigt das Ausmaß ihres Verlusts: »Gestern war meine Packung Vollkorn-Hobbits noch zu zwei Dritteln voll, heute sind noch ganze vier übrig. Kauft euch gefälligst eigene Vollkorn-Hobbits!«

Generell gilt: Je größer die Bürogemeinschaft, desto williger die Kollegen, das »Nach mir die Sintflut«-Prinzip anzuwenden. Ein verstohlener Schulterblick in Richtung Tür, und schon wandert der letzte Rest der Filterkaffee-Brühe in die bereitgestellte persönliche Tasse mit Schalke-04-Logo. Die leere Kanne wird dann praktischerweise einfach zurück auf die Platte gesetzt, natürlich ohne sie abzuschalten oder alternativ eine neue Kanne aufzusetzen.

Wer eine Tasse braucht und im Schrank keine findet, der schaut in der Spülmaschine nach – ist die voll und das Geschirr dreckig, wird eine einigermaßen sauber aussehende Tasse ausgewählt und im Spülbecken per Hand gereinigt, die Spülmaschine selbstverständlich nicht angeschaltet. Ist die Spülmaschine voll und sauber, wird freudig eine frische Tasse entnommen und die Maschine selbstverständlich ansonsten nicht angetastet. Daraus resultiert dann folgende Mail, geschrieben von der Sekretärin oder dem einzigen ordnungsliebenden Nerd im Büro: »Auch ein Geschirrspüler erwartet ein bisschen Aufmerksamkeit. Ein Gerät, welches sich von selbst ein- und ausräumt, ist meines Wissens noch nicht erfunden und somit keine mögliche Lösung des Problems.«

»Sorry, schaffs nicht for tomos drinks, viel Spaß, spk soon oder cu SO, Heiko«
Der Abkürzungswahn der Wichtigtuer

Zum guten Ton jeder privaten und geschäftlichen Beziehung gehört es, darauf zu verweisen, wie unheimlich beschäftigt und auf dem Sprung man stets ist. Man selbst überprüft sein E-Mail-Postfach mindestens alle fünf Minuten auf neue Nachrichten und geht an manchen Abenden mit der traurigen Bilanz heim, dass außer dem *Brigitte*-Rezepte-Newsletter und der amazon-Aufforderung zur Bewertung der kürzlich bestellten Artikel niemand den Kontakt gesucht hat. Derweil gibt es Leute, die Mails mit einem Inhalt, der in aller Kürze behandelt werden könnte (»Steht unsere Verabredung am Mittwoch?«), erst nach mehreren Tagen oder gar Wochen beantworten. Die Antwort wird dann eingeleitet mit »Sorry, hier wieder Land unter, komm erst jetzt endlich mal dazu, meinen Mailstapel abzuarbeiten«. Der Empfänger fragt sich, ob bei ihm selbst in Sachen Sozialleben oder beruflicher Auslastung etwas im Argen liegt, denn für die Antwort »ja, bleibt bei Mittwoch 20 Uhr« hätte er höchstens eine halbe Minute kalkuliert und nicht eineinhalb Wochen.

Trotz der mittlerweile ritualisierten öffentlichen Schmähung des Gebrauchs von Anglizismen sind weiterhin Leute in charge oder müssen noch on board geholt werden, wird regelmäßig der point of no return im workflow erreicht – und werden weiterhin solche, ernstgemeinte Mails verschickt: »jochen, won't make it for tomos drinks job brennt und mo back to muc viel spass und spk soon chris). Wieder ein Grund, an der eigenen Auslastung zu zweifeln, denn Chris scheint wirklich sehr viel zu tun zu haben – während man selbst in Verdacht gerät, sich dauerhaft einen Lenz zu machen, und folglich sogar Zeit findet, um Großbuchstaben und Satzeichen zum Einsatz zu bringen. Vielleicht sollte man das ändern – und zwar so schnell wie möglich, äh »asap«.

»Wer mag als Erstes seinen Namen tanzen?«
Demütigende Rituale in der Gruppenarbeit

Eigentlich gab es mal die Hoffnung, dass demütigende Rituale in Vorstellungsrunden nach der Konfirmationsfreizeit so langsam ausgerottet sein würden. Weit gefehlt. In einer durchschnittlichen Biographie gibt es auch im Erwachsenenalter immer wieder Anlässe, die den Wunsch aufkommen lassen, die Erde möge sich auftun.

In der Regel ist man selbst schuld – schließlich hat einen niemand gezwungen, das Yoga-Seminar, den Geburtsvorbereitungskurs oder den Workshop für mehr Durchsetzungskraft im Job zu belegen. Gruppenleiter jeglicher Art können offensichtlich nicht davon lassen, die Gruppe gleich zu Beginn zu demoralisieren. Die Zermürbungstaktik heißt: Vorstellungsrunde. »Hallo, ich bin der Thomas, 36 Jahre alt und arbeite als Systemtechniker« reicht nicht.

Mindestens wird man genötigt zu erzählen, »was man sich denn so vom Kurs erwartet«. Man selbst sitzt innerlich bibbernd da und weiß nicht, ob man darauf hoffen soll, als Erstes dran zu sein, um freie Auswahl an herbeigeklaubten Standardantworten zu haben; oder besser am Ende, um sich erst mal anzuhören, was die anderen so zu sagen haben, und dann der fünfte zu sein, der sagt: »Also bei mir ist es schon auch so, dass ich mir erhoffe, im Job einfach selbstbewusster zu sein« (beim Workshop), oder: »Ja, also Entspannung wär für mich auch total wichtig« (beim Yoga-Seminar). Die Gruppe hat das eher nicht weitergebracht, die Gruppenleitung ist dennoch zufrieden. Auch gern genommen: Eine kleine, liebenswerte Besonderheit, die jeder von sich preisgeben soll. Die Gruppenleiterin ermuntert: »Ich bin die Marion, bin 42 und ein totaler Schokoholic.« Die Gruppe ist peinlich berührt, reichste Ausbeute unter den gequälten Antworten: »Ich bin der Björn und koch total gern asiatisch.«

So weit die harmloseren Varianten. Manche Gruppenleiter schrecken nicht davor zurück, die Teilnehmer ihre Namen tanzen zu lassen. Also versucht man, dem Charakter von »Heike« durch angedeuteten Hüftschwung gerecht zu werden und schämt sich zutiefst fremd für Torben, der mit geschlossenen Augen mit den Fingern schnipst und ab und zu leise »Yeah« ruft.

Noch eine Variation: »Sagt doch bitte, was euer Name bedeutet oder was eure Eltern sich dabei gedacht haben.« Und während der Typ rechts neben einem darlegt, bei »Ansgar«

handle es sich um die deutsche Form eines germanischen Vornamens, der vermutlich »Speer Gottes« bedeutet und mutmaßlich auch die keltische Form von »Oskar« darstellt, überlegt man verzweifelt, ob es eine gute Geschichte ist, dass die eigenen Eltern »Pamela« gewählt haben, weil der Irish Setter ihres Doktorvaters so hieß.

»Bringst du mir 'nen Kaffee mit? Hab aber grad nur 'nen Fuffi.«
Wenn man zum Opfer des Kleingeldschnorrers wird

Der Kleingeldschnorrer ist nicht in erster Linie vor den Supermärkten der Innenstadt anzutreffen, wo er sich strategisch vor den Rückgabeschlangen der Einkaufswagen postiert und jedem ein schlechtes Gewissen macht, der den Euro in der Hosentasche statt in seiner Hand verschwinden lässt, nein, er ist näher: Er befindet sich in jedem Büro und Bekanntenkreis. Und ein schlechtes Gewissen ist hier unangebracht.

Im Großraumbüro: Ermüdet streckt man sich auf seinem Sitz. Man kramt im Kleingeldfach des Portemonnaies, was die Sitznachbarin alert registriert. Dann steht man auf, um sich einen Kantinenkaffee zu holen. »Bringst du mir einen miiiit?«, flötet die Nachbarin, um mit Unschuldsmiene hinterherzuschieben: »Aber hab grad nur 'nen Fuffi.« – »Schon okay«, murmelt man angefressen und geht zur Kantine, wo man zwei Kaffees aus der eigenen Tasche bezahlt und überlegt, in den einen heimlich reinzuspucken.

Auch nur entfernt bekannten Menschen dann und wann Getränke auszugeben oder mit zwei Euro auszuhelfen, wenn es die Einfachheit des Zahlungsvorgangs erfordert, ist eine Selbstverständlichkeit. Hier setzt der notorische Kleingeldschnorrer an: Er nutzt diese Selbstverständlichkeit immer wieder aus. Er bezahlt Cafébesuche immer wieder mit dem letzten Kleingeld, so dass man selbst allein für das Trinkgeld aufkommen muss. Er hat immer nur drei Euro für die Zigarettenschachtel dabei. Er hat es wieder mal nicht zur Bank geschafft und jetzt zwei Euro zu wenig, und so ein Kantinenkaffee wäre jetzt echt toll, hätte man nicht blöderweise genau heute sein Portemonnaie zu Hause gelassen … Aufkeimende Kritik wird sofort mit dem Zusatz »Kriegst du morgen wieder!« erstickt. Auch wenn nach dem dritten Mal klar ist: Man kriegt es eben nicht wieder.

Der Schnorrer bringt seinen Bekannten, der sich nicht länger mit dem langsamen Ausweiden seiner eigenen Finanzen abfinden möchte, in eine unangenehme Position: Der nämlich wird zum peniblen Stänkerer, der sich um Centbeträge prügelt. »Ich krieg noch einen Euro von dir« klingt genauso irre wie: »Ich habe das mal die letzten Wochen addiert, insgesamt müsste ich jetzt zweiundzwanzig Euro von dir bekommen.«

Was aber wäre die Alternative? Bei der nächsten Leihinitiative mit bockigem Gesicht und verschränkten Armen den Kopf schütteln und den Euro verweigern? Soll der Schnorrer halt jetzt noch kurz zur Bank gehen, während man selbst irgendwie unzufrieden den Heimweg antritt, weil einem nun nicht nur der entrüstete Schnorrer, sondern auch noch der Nimbus des unlockeren Pfennigfuchsers im Nacken sitzt.

Natürlich ist es wieder mal ein Phänomen, bei dem man sich vor allem über sich selbst ärgert, weil man viel zu oft zähneknirschend einlenkt, anstatt seine Position klarzumachen und seinen Unmut zu äußern. Dennoch ist die Schwierigkeit, würdevoll zu seinem Recht zu finden, hier nachvollziehbar: Mit perfider Motivation hat sich der Schnorrer ein Betätigungsfeld gesucht, das schwer zu knacken ist. Würde er Bücher ausleihen und nicht zurückgeben, wäre es einfacher. Aber Centbeträge einzufordern ist eine außerordentlich entwürdigende Angelegenheit. Und die minutiöse Auflistung mehrerer Kleingeldposten von verschiedenen Wochen zu einer ernsthaften Summe wirft für Außenstehende eh ein zweifelhaftes Licht auf den eigenen Charakter.

Der Schnorrer zwingt seinen Wirt dazu festzulegen, ab wann es eine Summe wert ist, eingefordert zu werden. Natürlich kann man es mit gleicher Münze heimzahlen und von nun an immer nur mit abgezähltem Geld und ohne Zigaretten das Haus verlassen. Oder beim nächsten Mal einfach so lange lauern, bis man den Schnorrer zum Mitbringen eines Kaffees nötigen kann. Nur wohin würde das führen? Der Schnorrer nämlich hat seinerseits kein Problem damit, beim nächsten Mal zu rufen: »Aber ich hab dir doch neulich auch den Kaffee bezahlt! Jetzt bist du dran!«

»Ich stell Sie mal zu den Kollegen von der Technik durch ...«
Wie ein Anruf bei der Hotline einen Tag zerstören kann

Über Hotlines wird ergiebig geschimpft, seit es sie gibt. Dennoch bauen sämtliche Firmen ihr Hotlinenetzwerk beständig aus. Warum man regelmäßig an den Rand der Verzweiflung gerät? Wahrscheinlich ist es das Gefühl, wehrlos ausgeliefert zu sein. Und zwar einer Person, die sich entweder stoisch, bräsig oder panisch genau daran hält, was sie in der halbtägigen Schulung zum Hotline-Mitarbeiter gelernt hat, und nicht bereit ist, auch nur ein paar Hundertstel Millimeter davon abzuweichen.

Ein paar goldene Regeln: Den Kunden stets mit Namen anreden. Hierbei werden spätestens beim vierten Mal besonders diejenigen mit Doppelnamen wahnsinnig (»Also Frau Schweigert-Beckmann, wenn ich Ihnen einen Vorschlag machen dürfte, Frau Schweigert-Beckmann, …«). Wiederholung ist Pflicht, damit der renitente Kunde nachher nicht behaupten kann, die mobile Internet-Zusatzfunktion sei ihm gegen seinen Willen untergejubelt worden. Also wird mit einer Stimme, die klingt wie früher Kassetten, die ein paar hundert Mal zu oft abgespielt wurden, eisern wiederholt: »Ich habe also hier für Sie eingetragen, Frau Schweigert-Beckmann, die Option mobiles Internet, Beginn zum ersten Oktober mit den gewünschten Zusatzfunktionen …« Ein verzweifelter Zwischenruf, um die im Ofen schmurgelnde Tiefkühlpizza noch zu retten, wird ignoriert.

Ein weiteres Ärgernis: Der erste Hotline-Gesprächspartner ist selten auch der letzte. Da hat man also Energiereserven verbraucht und minutenlang erklärt, welches Lämpchen am Router deutlich zu schnell blinkt, den Wortlaut der Fehlermeldung beim Versuch, eine Internetverbindung herzustellen, mehrmals verlesen und sich beim Nennen des geheimen Kundenkennworts (»Borussiahexchen«) selbstverschuldet gedemütigt – und dann heißt es plötzlich: »Da stelle ich sie lieber zu den Kollegen von der Technik durch.«

Unerwähnt bleibt meist, dass der Anruf ab diesem Zeitpunkt 1,90 Euro pro Minute kostet. Spätestens die Kollegen von der Technik tun dann so, als wäre man Informatiknerd und nicht komplett aufgeschmissen (»Die IP-Adresse vom DHCP-Server haben Sie aber schon erneuert?«).

Ähnliches Ärgernis: Wer schon mal den großen Fehler begangen hat, bei telefonischen Umfragen von Markt- und Meinungsforschungsinstituten mitzumachen, der kennt die Regeln für die bedauernswerten Arbeiter am anderen Ende der

Leitung: Abkürzen verboten. Gleich zu Beginn der Umfrage zum Thema »Jeanskauf« etwa hat man kundgetan, weder bei Jean Pascal, mister*lady-Jeans noch Tom Tailor seine Jeans zu erwerben. Der geplagte Mitarbeiter am anderen Ende der Leitung, in der ständigen Angst, von einem übergeordneten, stasitauglichen Kollegen abgehört zu werden, arbeitet dennoch seinen Katalog ab: »Und nun sagen Sie mir bitte auf einer Skala von eins bis sechs, wie häufig sie bei mister*lady Jeans einkaufen: Sehr häufig, häufig, manchmal, selten, fast nie oder nie.« Weil man es nicht übers Herz bringt, ihn mitten im Gespräch abzuwürgen (irgendjemand hat einem mal erzählt, dass die Leute nur für ein beendetes Interview Geld kriegen), wird man erst eineinhalb Stunden und sechzehn Jeansmarken später mit sausenden Ohren von einem fröhlichen Marktforscher entlassen.

»Vermisse meine Lieblingstasse, bauchig und mit der Aufschrift ›Haralds Bürotasse‹.«
Wenn Kollegen zu Fahndern werden

Ein wichtiges Thema jeder funktionierenden Bürogemeinschaft ist das Verschwinden von persönlich als wichtig empfundenen Gegenständen. In jedem zweiten Fall handelt es sich um die Lieblingstasse eines Kollegen, deren Absenz per Mailaufruf kundgetan wird.

Die Beschreibungen changieren zwischen dem Resultat detektivischer Arbeit und einer Fahndungsmeldung des LKA, jeweils angereichert mit unverhohlener Unterstellung: »Hallo, vermisse ein transparentes, ca. 7 cm breites Plastiklineal (offensichtlich seit meiner einwöchigen Krankheit verschwunden). Da ihr vornehmlich mit hier im Raum arbeitet und, wie ich am Login meines PC gesehen habe, auch an meinem Tisch, bitte ich euch mal zu prüfen, ob ihr das mir wichtige Utensil bei euch habt.«

Manche Mails wiederum klingen ähnlich herzerweichend wie die Aushänge an Laternenpfählen, mit denen nach entlaufenen Katzen gefahndet wird. Der leicht vorwurfsvolle Unterton darf auch hier nicht fehlen: »Hallo, ich war genau zwei Tage nicht im Dienst und vermisse nun meine Kaffeetasse – eine große, mintfarbene Tasse mit Pinguinen darauf. Ich würde mich freuen, wenn sie wieder zu mir zurückkommt. Wer hat sie gesehen?«

Und es gibt jene Kollegen, die ihre Vermisstenanzeigen mit der Geschichte des fehlenden Gegenstandes garnieren und damit das eigene Image des weltenbummelnden Jetset-Dandys untermauern: »Die handgetöpferte Tasse hat mir damals ein alter Schamane im Dschungel von Sumatra geschenkt, ich häng also echt dran.« Oder: »Den Aschenbecher hab ich damals nach dem Interview mit Mickey Rourke im Adlon mitgehen lassen, er hat also vor allem ideellen Wert.«

Man selbst, hin- und hergerissen, ob man nun genervt sein oder sich freuen soll über die kleinen Ablenkungen vom drögen Büroalltag, fragt sich, warum die Leute ihre Tassen und Aschenbecher mit dem hohen ideellen Wert verdammt nochmal in ein Büro mitbringen, in dem um die hundert potentielle Mitbenutzer arbeiten! Wahrscheinlich sind diese Leute der Überzeugung, sich mittels der gepunkteten Lieblingstasse ein Stückchen eigene Individualität im Rigips- und Faserteppichverseuchten Bürokerker zu erhalten. Mit einer schnöden weißen Stapeltasse aus der Kantine wäre das alles wohl noch schwerer zu ertragen.

Warum die gesuchten Gegenstände nie wieder auftauchen, auch wenn wochenlang die Vermissenmeldung herumgeschickt wird? Weil es immer gleich abläuft: Man liest die Mails als willkommene Unterhaltung (fast so schön wie Tierbabyvideos auf YouTube gucken) und bringt die Angelegenheit auf keinen Fall mit sich selbst in Verbindung. Doof nur, wenn die betreffende Tasse drei Monate später unverhofft in einer schwer einsehbaren Ecke unter dem eigenen Schreibtisch auftaucht und in der Tasse bereits der Teebeutel des Yogi-Chais, Mandarinenschalen und die Reste heimlich gerauchter Zigaretten zu einer undefinierbaren Masse verschmolzen sind.

Freunde und Familie

»Dieses Jahr schenken wir uns aber wirklich nichts!«
Schön, wenn sich auch mal jemand dran halten würde

Besonders um Weihnachten herum werden gemeinsam geschlossene Vereinbarungen dreist sabotiert. Als die beste Freundin oder der Lebensabschnittsgefährte Anfang Dezember mit Nachdruck sagte: »Dieses Jahr schenken wir uns aber wirklich nichts«, hatte man dankbar zugestimmt. Mit großer Erleichterung hatte man im Geiste einen weiteren störenden Namen von seiner eh zu langen Liste der zu Beschenkenden gestrichen. Um dann unterm Baum mit einem verschmitzten »Ist echt nur eine Kleinigkeit« ein eindeutig als Geschenk auszumachendes Objekt überreicht zu bekommen. »Und ich hab jetzt gar nichts für dich«, murmelt man verlegen. Innerlich ist man aufgebracht: Der andere hat einem nicht nur eine teure Körperlotion oder ein Werk des diesjährigen Literatur-Nobelpreisträgers geschenkt, er hat einen Verrat begangen. Künftig wird man jedem, der den Geschenkeverzicht vorschlägt, mit abgebrühtem Lächeln zustimmen und hinterrücks ein Geschenk besorgen.

Ebenfalls ein Ärgernis sind natürlich Leute, denen es selbst beim Schenken gelingt, dem anderen subtil eins mitzugeben. Nachweisen kann man ihnen natürlich nichts. »Du machst doch so gerne Sport«, flötet die Schwiegermutter arglos, nachdem man das Viererset Fitnessbänder ausgepackt hat.

Andere wiederum nutzen die Gelegenheit des Schenkens ganz schamlos dazu, Dinge in den Haushalt einzuführen, die sie selbst gern besäßen. Mutter hat zwar keinerlei Interesse an den Segnungen der digitalen Welt und schreibt alle acht Wochen eine SMS ohne Satzzeichen – Ehrensache, dass Vater ihr zum Geburtstag einen sauteuren Tablet-PC schenkt. Auspacken darf ihn das irritierte Geburtstagskind, anschließend reißt der großzügige Schenker das Teil an sich, um bis in den späten Abend hinein mit glühenden Wangen daran herumzuschrauben und ab und zu verzückt Auskunft über das Leistungsspektrum zu geben (»Total super, damit kann ich, äh, kannst du sogar Videokonferenzen mit den Kindern schalten ...«).

Wer wiederum gern Sachen weiterverschenkt, die er selbst geschenkt bekommen und als nutzlos deklariert hat, sollte ein bisschen Sorgfalt walten lassen – doof, wenn an der dekorativen Geschenktasche mit dem Marillenbrand noch der ursprüngliche Anhänger mit der Aufschrift »Dem lieben Reinhard zum 60sten« baumelt.

»Ach, ich mach dann auch mal los, aber einen Averna würd ich noch nehmen.«
Wenn redselige Gäste zum Inventar werden

Mit Gästen handelt man sich immer auch das Risiko ein, sie nicht mehr loszuwerden. Um sieben Uhr morgens, nach etwa elf Stunden Party und sechs Litern Bier würde man eigentlich gern so langsam ins Bett kriechen. Just das ist aber die Zeit, in der zwei oder drei Partygäste, die längst jenseits von Gut und Böse sind, Morgenluft wittern, enormes Sitzfleisch entwickeln und sich auf dem Sofa festtrinken. Die Musik wird noch ein bisschen lauter gedreht (»Jetzt schläft ja eh keiner mehr«) und dazu übergegangen, mangels noch vorhandener Biervorräte die Flasche Dom Pérignon zu köpfen, die man am Abend geschenkt bekommen hatte. Immerhin kann man sich am nächsten Tag die Entsorgung der Büfettreste sparen, denn die festsitzende Meute (»Ich krieg jetzt wieder richtig Hunger«) hatte kein Problem damit, Zigarettenkippen aus dem Nudelsalat zu fischen und die letzten Reste zusammen mit einem vertrockneten Kanten Kräuterbaguette zu verspeisen.

Gerne wird dann auch noch nachgeholt, was tagsüber vergessen wurde, etwa auf der Hochzeitsfeier: Wer vorm Standesamt nicht dazu gekommen war, seine Packung Basmatireis abzuwerfen, kippt die Packung »Uncle Ben's Spitzen-Langkorn-Reis« einfach jetzt in einem Schwall auf den Boden. Man selbst unterdrückt mühsam Tränen der Wut und denkt daran, wie man morgen mit Hilfe einer Zahnbürste die Reiskörner aus den Dielenritzen schrubben wird. Der Dank für all die Bemühungen als Gastgeber ist eine SMS am nächsten Abend: »Boah, hab immer noch voll den Schädel, hätte echt früher den Absprung schaffen sollen.«

Kleinere Runde, ähnliches Problem: Wer seit dem späten Nachmittag damit beschäftigt war, ein mehrgängiges Menü vorzubereiten und den Abend zwischen Tisch und Küche hin- und herwieselnd verbracht hat, der hat um drei Uhr morgens womöglich das Gefühl, die Einladung zum Abendessen könnte ja demnächst auch mal zu Ende sein. Die Gäste jedoch reiben sich die prallen Bäuche und denken gar nicht daran, den Gastgeber ins Bett zu entlassen. Sie machen noch ein Fläschchen Rotwein auf (»Muss ja wech, das Zeug!«) und ignorieren jeglichen Wink mit dem Zaunpfahl. Egal, ob der Gastgeber von Schüttelfrost geplagt die Hände um die Schultern schlingt oder alle zwei Minuten anhaltend gähnt, sich räkelt oder die schmerzenden Schultern massiert und »Ich bin jetzt ganz schön müde« murmelt – entweder das wird dezent ignoriert oder als Unhöflichkeit des Gastgebers ausgelegt (»Ist ja schon gut, wir trinken noch das Glas Rotwein aus und dann lassen wir dich auch schon in Ruhe«).

Die Aussage »Nach dem Glas gehen wir aber« ist eine relative. Gläser kann man unterschiedlich schnell austrinken oder aber in die Länge ziehen, indem in der Zwischenzeit mehrere Kräuterliköre aus einem anderen Glas konsumiert werden. Als verantwortungsvoller Gastgeber bringt man es einfach nicht fertig, »Tschö, ich geh schon mal ins Bett, macht's euch noch gemütlich« zu sagen und sich einfach abzulegen.

»Stimmt, kenn ich auch, bei mir war das allerdings ja so ...«
Wenn Leute es schaffen, jedes Gesprächsthema auf sich zu beziehen

Ein Impuls, den wahrscheinlich jeder kennt: Das Gegenüber erzählt gerade vom traumatischen Ablauf der Trennung vom Verlobten, der einen zwei Jahre lang mit der Badmintonpartnerin betrogen hat, oder von der kürzlich überstandenen Gallenblasenoperation – und ganz automatisch steigt das Bedürfnis, etwas aus dem eigenen Kummerkästchen oder der privaten Krankenakte beizutragen ... oder der von anderen.

In Einzelfällen mag das als Empathie auszulegen sein, man möchte dem Gegenüber signalisieren, dass er nicht allein ist mit seiner Not und man sich gut in seine missliche Lage hineinversetzen kann dank der eigenen reich bestückten Sammlung an Leidenserfahrungen. In der Mehrheit der Fälle handelt es sich allerdings um den schon im Grundkurs Psychologie in der zwölften Klasse behandelten »Gesprächsstörer ›von sich reden‹«. Der Gesprächspartner mutiert zu einem bloßen Resonanzboden, zum Stichwortgeber, um die eigene Autobiographie wälzen zu können. Und während der arme Stichwortgeber eigentlich noch gern erzählt hätte, wie sich das damals anfühlte, als nach der Gallen-OP noch eine tiefe Venenthrombose dazukam, ist das Gegenüber bereits dabei, den Durchmesser der eigenen Blasensteine millimetergenau aufzusagen.

Geltungsdrang und das Bedürfnis, immer die beste Geschichte beizutragen, lassen den Gesprächsstörer auch nicht davor zurückschrecken, die Geschichten fremder, ihm nicht mal bekannter Personen auszuschlachten. Während man selbst also die totale Brüllergeschichte aufbieten will, wie man damals bei der Führerscheinprüfung trotz eines Fasans auf der Autobahn, herumgerissenen Steuers und halsbrecherischen Manövers zwischen zwei Lastwagen den Lappen trotzdem überreicht bekam, kennt der andere zufällig die Geschichte des Freundes einer Kusine seines Stammlokalbesitzers, der mindestens mit einem alkoholisierten Prüfer und einem suizidgefährdeten Geisterfahrer fertig werden musste. Seine Geschichte wird nun als Leihgabe missbraucht, um sich in ihrem Glanz zu sonnen. Und während man selbst die wirklich schlimme Geschichte erzählt, wie man durch heimliches SMS-Lesen herausfand, was für ein schmutziges Doppelleben der Verlobte mit der Badmintonpartnerin führte, kann der Gesprächsstörer die Geschichte einer Freundin feilbieten, deren Ehemann sie nicht nur mit einer identisch aussehenden Frau betrog, sondern beide heimlich dieselbe Zahnbürste benutzen ließ.

»Ach, du gibst jetzt schon den Nuckel? Na ja, deine Entscheidung.«

Wenn junge Mütter zwanghaft bekehren wollen

Niemand vergisst so schnell und vollständig wie Mütter, dass sie selbst auch mal blutige Anfänger waren. Vor wenigen Wochen noch riefen sie selbst um vier Uhr morgens heulend die Hebamme an, die das hysterische, die Brust verweigernde Kind vor dem Vertrocknen retten sollte – und nun beäugen sie die entfernte Bekannte mit dem an der Flasche nuckelnden Neugeborenen besorgt-skeptisch und sagen: »Du, mal ehrlich: *Jede* Mutter kann voll stillen, wenn sie es wirklich will.«

Das Expertentum und das Sendungsbewusstsein mancher Mütter machen fast täglich einen größeren Wachstumsschub als der Nachwuchs. Beim eigenen Kind geht es um nicht weniger als um alles. Hat man sich also für einen von mehreren möglichen Lösungswegen entschieden, gilt es, diesen mit aller Macht zum Königsweg zu erklären. Deshalb ist es gar nicht so leicht für neue Mütter, nicht schizophren zu werden, wenn sie innerhalb kürzester Zeit mit entgegengesetzten Meinungen belästigt werden. »Lass ihn einfach mal zehn Minuten schreien, der Weltschmerz muss abends einfach raus« – »Also gerade in den ersten Monaten ist es *total* wichtig, dass er ein Urvertrauen entwickeln kann, wenn meiner schreit, bin ich da, aber pronto!«

Hinter ihren absoluten Ansichten verbergen die Expertenmütter natürlich nur ihre eigene Unsicherheit. Die eine überlegt angesichts ihres beim ständigen Brüllen einem Schrumpfkopf ähnelnden Kindes heimlich, ob der Schnuller nicht doch eine prima Sache wäre. Zur schnullernutzenden Co-Mutter aber sagt sie: »Also ich find's ja schon echt wichtig, sein Kind nicht mit künstlichen Hilfsmitteln ruhigzustellen.« Die

Schnullermutter wiederum, vor ihrem geistigen Auge ihr fünf-jähriges Kind mit monumentalem Überbiss, muss eigentlich nicht andere Mütter, sondern sich selbst davon überzeugen, dass »Saugen für die Kinder ja eine Art Urinstinkt zur Beruhigung« darstellt.

»Ich hab übrigens die Mutter vom Holger beim Einkaufen getroffen – der hat jetzt einen richtig gutbezahlten Job bei Siemens.«
Wenn Eltern ihre Kinder zum Angeben nutzen

Zunächst: Wie schön für Holger. Aber: Wer verdammt noch-mal ist Holger? Die Selbstverständlichkeit, mit der Mütter in einer Mischung aus Bewunderung und unverhohlenem Neid die Verdienste von Menschen hervorheben, mit denen ihre eigenen Kinder zu Urzeiten vielleicht mal im Sandkasten ge-spielt haben, ist enervierend. Beliebt auch: »Die Älteste von Schuberts ist jetzt schon immobil geworden, hat ein Haus ge-kauft, direkt im Nachbarort.«

Da hilft es nichts, dass man selbst vielleicht schon mit zehn Monaten die ersten Gehversuche gemacht hat, während Schuberts Älteste noch feist und hilflos auf dem Boden her-umkrauchte. Oder man selbst mit links von der Vierten aufs Gymnasium wechselte, während Krabbelgruppenkollege Hol-ger eine Extrarunde auf der Hauptschule drehte. Alles verges-sen, wenn es darum geht, die aktuelle Lebensbilanz der mitt-lerweile erwachsenen Kinder in den Ring zu werfen.

Wichtig ist die Beiläufigkeit, mit der das eigene Kind unter Druck gesetzt wird: »Ach, ich hab die Mutter von der Silvia beim Schlecker getroffen. Du, die Silvie ist jetzt schon zum zweiten Mal schwanger«. Dank einer in den letzten Jahren gut ausgereiften Dünnhäutigkeit ist für das erwachsene Kind laut schreiend zwischen den Zeilen zu hören: »Mach mich endlich zur Großmutter, dummes Kind!«

Erwachsene Kinder werden für Eltern ab einem bestimmten Zeitpunkt, so rund um den Eintritt ins Rentenalter, zu Preisboxern, die im Kampf um den am erfolgreichsten absolvierten Erziehungsauftrag verheizt werden. Manchmal könnte man fast den Eindruck gewinnen, ab einem bestimmten Zeitpunkt im Leben würde sich jeglicher Gesprächsstoff rund ums eigene Leben pulverisieren. Dabei gäbe es doch auch ab Mitte fünfzig noch viel zu erzählen vom Seidenaquarell-Kurs, dem neuen Hobby Fotografieren, den Reisen, dem Garten ... was Leute in Rente halt so machen. Stattdessen verlagern sich sämtliche Diskurse auf das Fortkommen der eigenen Brut.

Natürlich wäre es geringfügig übertrieben zu behaupten, solche Eltern würden sich ausschließlich über ihre Kinder definieren; aber tatsächlich versiegt der elterliche Kümmerinstinkt nicht, bloß weil die Kinder nicht mehr mit Monchhichis spielen und in einer eigenen Wohnung hausen. Die Kinder sollen im Leben vorankommen, es »zu etwas bringen«, und das bedeutet in elterlichen Augen ganz grob zusammengefasst: ein gutbezahlter Job und Familie mit Kindern, gern verbeamtet oder angestellt bei sogenannten Traditionsunternehmen. Für all das versuchen Eltern bis zur Volljährigkeit die Weichen so gut wie möglich zu stellen – danach bleibt es spannend, was die Kinder daraus machen. Und so wird neben Krankheiten (»Klaus hat jetzt auch Prostatakrebs, Waltraud hat Zucker, Rainer hätte seinen Darmkrebs sicher früher entdeckt, wenn er zur Vorsorge gegangen wäre ...«) vor allem über die Kinder gesprochen.

Das Thema Gehalt rangiert bei diesem Stellvertreterkampf

ganz oben. Informationen wie »Die mittlere Tochter von der Ingrid kriegt ja siebenfünf brutto im Monat – tja, Wirtschaftsinformatikerin halt« werden dem eigenen Kind in einer Mischung aus eindrucksvollem Staunen und unterschwelligem Vorwurf übermittelt. (Warum musste das eigene Kind auch Kunstgeschichte studieren?)

Die eigenen Eltern müssen sich im Konkurrenzkampf mit anderen Eltern für eine Taktik entscheiden. Man kann sich ohne viel Phantasie vorstellen, wie sie nach Leibeskräften versuchen, aus der eigenen »Urbaner Penner«-Karriere etwas Vorzeigbares zu machen (»Der Matthias hatte mit seinen Bildern neulich sogar eine eigene Ausstellung!«). Defizite in einem einzelnen Bereich lassen sich meist noch ausgleichen (»Claudia ist so viel im Ausland unterwegs in ihrem Job, die hat noch gar keine Zeit für Familie«). Schlimm wird es für die Eltern, wenn die erwachsenen Kinder weder Enkel noch einen gutdotierten Job aufzubieten haben oder womöglich gar homosexuell sind. Und richtig schlimm geht es den Akademiker-Eltern junger Hartz-IV-Empfänger oder Eltern von Kindern, die mit Mitte dreißig immer noch an einer Doktorarbeit über Giacomettis surrealistisches Verständnis von Skulptur sitzen, die sowieso niemanden interessieren wird, beziehungsweise Kindern, die nach der zweiten Scheidung völlig ausgebrannt sind und seit kurzem wieder einen dezenten monatlichen Scheck von den Eltern erhalten. Das fällt in größerer Runde natürlich unter den Tisch, aber irgendwann, nach ein paar Gläsern Barolo, werden dann doch noch Herzen ausgeschüttet. Was Mutter nun dazu befähigt, in einer Mischung aus Erleichterung darüber, dass das eigene Kind nicht das hoffnungsloseste ist, und Skandalgeilheit berichten kann, der Sohn von Gertraud habe sich »mit seinen Frauengeschichten ja richtig auf die Nase gelegt …«

Eine interessante Variante, falls aus dem Kind weniger herauszuholen ist: »Der Heiko hat ja zwar nur Tischler gelernt, aber der hat immer sehr attraktive, wohlhabende Freundinnen. Seine aktuelle ist Wirtschaftsprüferin!«

Nach langem Nachdenken jedenfalls, wenn einem dämmert, dass Holger die traurige Gestalt mit einem verklebten Brillenglas und der Bügelzahnspange gewesen sein muss, weiß man erst mal nicht, ob man sich freuen soll, weil er doch noch die Kurve gekriegt hat – oder sich ärgern, weil der Idiot anscheinend fünfmal so viel Kohle scheffelt wie man selbst.

»Für die Hose bist du echt zu fett. Sorry, bin nur ehrlich.«
Wenn Menschen Ehrlichkeit und Dreistigkeit nicht auseinanderhalten können

Ehrlichkeit ist ein Attribut, das ausschließlich positiv besetzt ist. Kein Online-Dating-Profil, in dem als gewünschte Eigenschaft des neuen Partners nicht »Ehrlichkeit« an vorderster Stelle steht. Klar, einerseits, denn natürlich wünscht man sich einen Partner, der weitere Nebenbuhlerinnen in der Regel für erwähnenswert hält oder den geplanten Heiratsschwindel vorher reumütig zugibt. Wie bei vielen Menschen, die ihren eigenen feinen Sinn für Humor rühmen (»Ich bin ein Mensch, der auch gerne mal lacht«), muss man allerdings bei Leuten, die sich selbst gebetsmühlenartig und posaunenhaft die Eigenschaft »Ehrlichkeit« auf die Fahnen schreiben, vorsichtig sein. Denn oft handelt es sich bei deren Art der Ehrlichkeit um einen schweren Missbrauch des so rühmlichen Wortes.

Wirkliche Ehrlichkeit hat mit Mut und unbequemen Wahrheiten zu tun. Nun bedarf es aber relativ wenig Mut, um der eh schon den ganzen Abend eher unsicher in den neuen Schlangenprint-Leggings herumsitzenden Frau zu sagen, dass sie für die Hose echt nicht die Figur hat. Ebenso wenig Mut bedarf es, dem Gegenüber ungefragt mitzuteilen, dass man mit einer reichhaltigen Augenpflege gar nicht früh genug anfangen kann und dass sie diesen Zeitpunkt leider verpasst hat. Reagiert das angegriffene Gegenüber pikiert, hebt der Angreifer arglos die Schultern, sagt: »Ich bin doch nur ehrlich!«, und bringt den zu Recht Verschnupften sofort zum Schweigen. Denn wer würde schon etwas gegen Ehrlichkeit sagen wollen?

Was an dieser Verhaltensweise so wütend macht: Niemandem ist damit geholfen, dass die Frau mit den Schlangenprint-Leggings sich nun noch unwohler fühlt und es prinzipiell kein kritikwürdiges Verhalten ist, sich in eine Schlangenprint-Legging zu schießen. Darüber hinaus handelt es sich meist auch nicht um eine Situation, in der man die Frau vor ihrem mangelnden Modebewusstsein schützen müsste. Würde der Pseudo-Ehrliche die Schlangenfrau diskret zur Seite nehmen und ihr vorsichtig nahebringen, dass sie in diesen Leggings vor der Hundertschaft an Kameras vielleicht nicht den Literaturnobelpreis entgegennehmen sollte, okay. Meist aber läuft es doch so ab: Der demütigende Affront wird in aller Öffentlichkeit, für jedermann hörbar und gerne mit vollem Mund zwischen dem dritten und dem vierten Humpen Wein serviert. Der »Ehrliche« stilisiert sich dabei selbst zum unbequemen, aber aufrichtigen Querdenker, der seinem Gegenüber mit schonungsloser Offenheit begegnet – und sei sie auch noch so brutal. Wer deswegen sauer ist, hat halt ein Problem mit Ehrlichkeit. Dass sich seine Ehrlichkeit zumeist auf völlig irrelevante Dinge beschränkt, über die man souverän hinwegsehen sollte, wird dem »Ehrlichen« nie auffallen. Ebenso wenig wie die Tatsache, dass die Leggings-Frau den nächsten Essensgang traurig ausfallen lässt.

Zurück bleibt konsternierte Stille bei allen. Außer bei dem fiesen Menschen, der eines der letzten, ausschließlich positiv konnotierten Wörter missbraucht, um die eigenen, völlig irrelevanten Nebensächlichkeiten herauszuposaunen, bei denen Ehrlichkeit oft nicht nur unangebracht, sondern vor allem verletzend ist. In die Stille hinein rechtfertigt sich der Pseudo-Ehrliche dann gerne mit dem Zusatz, der alles noch schlimmer macht: »Ich kann nicht anders, ich bin halt ehrlich«, so als könnte man nicht selbst entscheiden, den Mund aufzumachen oder nicht.

Beim Einkaufen

Die Kassiererin öffnet eine neue Kasse – Startschuss
für angriffslustige Hektik in der Warteschlange.
Wenn Kunden das Leben anderer riskieren, um als Erster
die neue Kasse zu erreichen

Zugegeben: Eigentlich würde man selbst gern mitmachen beim Wettlauf um einen der vorderen Plätze an der neuen Kasse, um der Supermarkthölle früher zu entkommen und nur noch maximal zwei- statt fünfmal mit ansehen zu müssen, wie Leute ihr Portemonnaie erst umständlich aus der Handtasche kramen, wenn die Kassiererin bereits den Betrag genannt hat, oder wie Leute, die noch nicht jenseits der achtzig sind, minutenlang in ihrer Börse wühlen, weil: »Ich glaub, 83 Cent müsst ich passend haben«, um am Ende doch einen 20-Euro-Schein herüberzureichen.

Dennoch unterlässt der souveräne Supermarktkunde das unwürdige Wetteifern. Zunächst mal aus Fairnessgründen: Es entbehrt schließlich jeglicher Logik, warum ausgerechnet jene, die eigentlich die längste Wartezeit vor sich hatten, im nächsten Moment die Ersten sind. Genau deshalb wiederum würde man eigentlich gern mitmachen, definitiv spielt hier das Gefühl der Missgunst hinein: Warum sollten die Trottel hinter einem früher Gelegenheit bekommen, ihre blöde Jumbo-Packung Sandwichtoast und eingeschweißte Fleischwurst aufs Förderband zu werfen? Leute, die ihre Einkaufswagen wie Panzer, die sich gegen Aufständische zur Wehr setzen müssen, in Richtung Kasse wuchten, ohne Rücksicht auf Verluste beziehungsweise die Achillessehnen anderer Kunden?

Wer ohne Einkaufswagen nur mit einer Flasche Cola unterwegs ist, dem verzeiht man gnädiger. Wer allerdings feist triumphierend beginnt, seinen Wocheneinkauf aufs Band zu stapeln, wird mit abfälligen Blicken gestraft.

Besonders schlimm: Auflauern. Manche Kunden verhalten sich im Bereich vor den Kassen taktisch: Nur ja nicht den Einkaufswagen bereits in die enge Gasse zwischen Zigarettenregal links und Schnaps- und Kaugummisortiment rechts einfädeln, dann gäbe es ja kein pfeilschnelles Zurück mehr. Nein, wer lauert, der drückt sich zwischen zwei Kassen herum, spekuliert bei längeren Schlangen auf die baldige Öffnung einer neuen Kasse und reagiert auf die Signalworte »Sie können auch zu mir kommen!« mit einem aggressiven 90-Grad-Schwenk, wobei er sich gerade noch verkneifen kann, in Laufschritt zu verfallen.

Wie sähe eine vernünftige Lösung aus? In anderen Ländern, hört man, stehen alle an derselben Schlange und gehen jeweils zur nächsten frei werdenden Kasse. (Hierzulande kennt man das auch aus manchen Postfilialen.) Nach diesem Prinzip wäre in unserem Fall nach einem chronologischen Reißverschlussprinzip zu handeln: Der, der als Nächstes dran gewesen wäre, darf als Erster an die neue Kasse. Jene, die ganz hinten stehen, müssten abwarten und sich demütig darüber freuen, dass auch sie zumindest ein paar Plätze gutmachen werden durch die Kundenumverteilung.

Wer jedenfalls darauf verzichtet hat, beim Wettrennen um den ersten Platz an der neuen Kasse mitzumachen, der hat noch lange genug Zeit, sich mit einem ganz anderen Problem zu beschäftigen: Wer sollte den Warentrennstab platzieren? Ist es spießig, nach seinen eigenen Einkäufen einen Trennstab zu positionieren, eine Art demonstrativer Akt, der die kleinliche Angst vor einer Vermischung der Einkäufe sichtbar macht? Zumindest wenn man es geschafft hat, sich vor den Mann mit dem Wocheneinkauf zu schieben, sollte man von dieser Lösung Gebrauch machen.

»Und, passt der BH? Ich komm mal kurz rein.«
Wenn Verkäufer einem auf die Pelle rücken

In manchen Geschäften traut man sich die Kundenrolle nicht zu. Die Größe des Ladens scheint hierbei eine entscheidende Rolle zu spielen. Niemand hat ein Problem damit, in anonymen Massenkaufhäusern wie Karstadt oder H&M als souveräner Geldausgeber aufzutreten: Hier wird man schließlich in Ruhe gelassen und muss schon mit viel Geduld nach einem Mitglied des Verkaufspersonals suchen, falls man es mal braucht. Intensive Kundenberatung ist hier nicht vorgesehen, und das Wissen darum beruhigt ungemein – man kann also ganz in Ruhe das Kleid anprobieren, welches es leider nur noch in Größe 36 gibt, und dann, Tränen der Panik und der Scham nah, eine halbe Stunde unbehelligt in der Umkleidekabine verbringen, bis eine Begleitperson einem das wurstpellenartige Kleid mit roher Gewalt wieder vom eigenen Körper gezerrt hat.

Klar, wie die Szene in einem intimeren, kleineren Laden, altmodisch auch »Boutique« genannt, geendet hätte: Spätestens nach zwei Minuten hätte eine emsige Verkäuferin »Und, wie sieht's aus da drin?« geflötet und Posten vor den Umkleidekabinen bezogen. »Och, na ja, ich glaub, das ist nicht so das Richtige für mich«, hätte man gestammelt, und im schlimmsten Fall hätte man als Antwort »Lassense mal sehen« bekommen – und schon hätte die Verkäuferin in der Kabine gestanden, um das Wurstpellendesaster aus nächster Nähe in Augenschein zu nehmen. Die Wurstpelle hätte nach seiner Entfernung vom Körper riesige Flecken von Angst- und Panikschweiß aufgewiesen.

Viele Menschen fühlen sich in ihrer Rolle als Kunde unwohl. Sie befällt ein Gefühl von Panik, wenn sie Augenblicke nach Betreten eines Ladens in den Autofokus des Verkaufs-personals geraten. Bevor auch nur eine zaghafte Orientierung stattfinden konnte, kommt auch schon eine Verkäuferin herangerauscht und sagt ihren unvermeidlichen Satz: »Kann ich helfen?«, und es bleibt einem nichts anderes übrig, als »Ich schau mich erst mal um« zu nuscheln. Ein Satz, der bei Verkäufern verständlicherweise Aggressionen und Resignation auslöst, allerdings ist er die einzige Waffe, die man hat im Kampf um die Einkaufsfreiheit.

Penetrante Verkäufer tun dann verständnisvoll und trollen sich erst mal – allerdings nur, um wenige Meter vom Kunden entfernt Pullover nach einer sehr komplizierten Technik zu falten und den Kunden aus dem Augenwinkel argwöhnisch zu beäugen.

Der Frust der Verkäufer ist nachvollziehbar – es gibt einfach viel zu wenige weiche und biegsame Kunden, denen man zur gewünschten Jeans gleich auch einen den Wert der Jeans übersteigenden kalbsledernen Gürtel aufschwatzen kann. Die defensive Haltung des Kunden muss den Verkäufer per definitionem befremden.

Allerdings ist die Skepsis des Kunden gegenüber Verkaufspersonal meist gerechtfertigt: Zu viel Bestätigung kommt einem verdächtig vor (»Sieht echt total süß aus« oder auch gern »Ich hab den gleichen zu Hause«), bei Ehrlichkeit ist man beleidigt (»Der Po sieht eher ungünstig aus«), obwohl man sich selbst insgeheim eingestehen musste, dass man in der Jeans aussah wie eine Salsiccia.

Und so nutzt man die Freiheit, die man sich durch »Ich schau mich nur mal um« erkämpft hat, wohl wissend, dass man sich gleich nachher schlecht fühlen wird, wenn man, ohne etwas zu kaufen, »Danke, Tschüüüs« rufend den Laden verlassen hat.

Ein hohes Maß an Frustrationstoleranz müssen die Verkäufer in Duty-free-Shops an Flughäfen mitbringen: Leute, die armlange Toblerone-Riegel kaufen, sind selten. Häufiger trifft man auf Leute, die keine Lust haben, Wodka in verschweißten Tüten auf Reisen zu schicken, sondern sich einfach ein bisschen frisch machen wollen vor dem 16-Stunden-Flug nach Bangkok. Also schaut man verstohlen nach links und rechts und benutzt dann den hautfreundlichen Luxus-Deoroller, von dem es keine Testversion gibt, trägt ein bisschen Rouge auf oder Parfüm.

Von hundert Leuten, die sich in der Duftabteilung des Duty-free-Bereichs tummeln, hat vielleicht eine Person eine ernsthafte Kaufabsicht. Alle anderen wollen sich einfach ein bisschen die Zeit vertreiben, flanieren munter von Flakon zu Flakon, sprühen die Unterarme von Handgelenk bis Ellenbogen voll, wedeln mit papiernen Teststreifen vor der Nase ihrer Begleitperson herum, die dann irgendwann den unvermeidlichen Satz sagt: »Also mittlerweile riech ich echt gar nichts mehr.« Umgeben von einer stechend riechenden Patschuli-Sandelholz-Vanillewolke besteigen die Tester ihr Flugzeug und lassen das brodelnde Verkaufspersonal zurück, das erst mal gut damit beschäftigt ist, eine Spur von auf dem Boden verteilten Teststreifen zu entsorgen.

Wie so oft gibt es eine Kehrseite: In Geschäften, in denen man nämlich wirklich Beratung bräuchte, im Baumarkt zum Beispiel, wird man im Stich gelassen. Man bräuchte nur ganz kurz einen freundlichen Helfer, der einem die korrekten Gipsdübel oder den passenden Dichtungsring für die Spülmaschine raussucht. Der einzige sichtbare Mitarbeiter befindet sich aber in den Klauen eines Menschen, für den die Baumarktberatung offensichtlich einen wichtigen sozialen Kontakt darstellt, derart genüsslich kostet er die Begegnung aus.

Während also der Baumarktmitarbeiter vom übereifrigen Kunden fachplänkelnd von Regal zu Regal genötigt wird, trottet man selbst hinterher, um ja den Anschluss nicht zu verlieren. Man lauscht genervt der Geschichte des Art-Déco-Kommödchens, das der Kunde auf dem Flohmarkt gefunden hat und jetzt durch Abbeizen und Lackieren zu neuer Form verhelfen will. Nach einer Viertelstunde kennt man nicht nur die Geschichte des Kommödchens, sondern in groben Zügen auch die Lebensstationen seines Besitzers. Der wiederum wird irgendwann irritiert überlegen, warum er seit geraumer Zeit von einem griesgrämigen Fremden verfolgt wird.

»Von E10 lass ich die Finger. Ich tank doch kein Brot ...«
Menschen, die mit ihrem ökologischen Gewissen hausieren gehen

Natürlich lässt es sich leicht verzweifeln angesichts der Unmöglichkeit, durch das eigene Konsumverhalten die Welt zu retten. Befremdlich sind allerdings jene Mitmenschen, die sich auf eine kleine konsumkorrekte Insel begeben und von dieser aus allen anderen ein schlechtes Gewissen machen. Ein völlig willkürliches ökologisches Gewissen wird undurchdacht vor sich hergetragen, um andere zu behelligen.

E10 tankt der Ökofaschist nicht, weil er gehört hat, dass da Getreide drin ist. Alle, die es trotzdem tun, zumal man durch das Tanken von Super plus auch nicht gerade zur Weltrettung beiträgt, mutieren in seinen Augen zu ökologischen Ungeheuern.

Den Kollegen zwingt er, im Büro bei Funzelbeleuchtung zu arbeiten und den Wasserhahn zwischen der Reinigung von zwei Kaffeetassen abzudrehen – in den Urlaub jedoch fliegt er fröhlich mit easyjet. (»Echt super, wie günstig das ist, wenn man früh genug bucht!«)

Als Biomarkt-Fanatiker rümpft er die Nase über alle Klimakiller und Hauptsache-billig-Ignoranten, die im Discounter einkaufen. Er zahlt für die matschigen Bananen im Biomarkt gern sechs Euro pro Kilo und lässt die prächtigen Chiquita-Sträuße im herkömmlichen Supermarkt links liegen; die Plantagenbauern in Nicaragua müssen schließlich auch von irgendwas leben. Nebensächlich, dass er die zwei Kilometer zum Biomarkt mit dem Auto zurückgelegt hat.

»Also, herkömmlicher Tofu hat für mich mittlerweile nichts mehr mit gesunder Ernährung zu tun«, doziert der Dogmatiker, der sich neuerdings nur noch von einer speziellen Art Sojapapier ernährt. (Er hat wohl noch nicht mitbekommen, dass durch den ausufernden Anbau der Sojapflanze Monokulturen und dem Abbau der Biodiversität Vorschub geleistet wird.) Das mit dem Tofu beziehungsweise neuerdings Sojapapier wäre ja so weit in Ordnung, wenn er nicht andere, die weiterhin herkömmliche Eiweißquellen nutzen, drangsalieren würde. »Ist dein Karmakonto«, säuert der Dogmatiker, nachdem man sich in der Kantine freudig eine Schüssel Gulaschsuppe aufs Tablett gezogen hat.

»Da krieg ich diese Woche aber dreifach Treuepunkte!«
Rabattjagd schlägt Logik

Zweifelsohne ist ein gewisses Maß an bewusstem Einkaufverhalten löblich, oft allerdings gerät die Schnäppchenjagd außer Kontrolle; zum Beispiel, wenn der Beifahrer einen zwingt, den

Wagen trotz panisch blinkender Tankanzeige bis zur nächsten Aral-Tankstelle zu treten, »da krieg ich diese Woche nämlich doppelt Payback-Punkte«. Dass die Tankstelle zehn Kilometer vorher einen wesentlich günstigeren Literpreis aufzubieten hatte und sich der Payback-Vorteil insofern schon pulverisiert hätte, fällt dem Schnäppchenjäger nicht auf: Hauptsache, die Payback-Karte wurde mal wieder lohnend zum Einsatz gebracht.

Das Thema Benzinpreise nimmt einen wichtigen Platz im Alltag des bewussten Einkäufers ein; sobald er an einer Tankstellte vorbeifährt, wird entweder im Selbstgespräch oder in Richtung des Beifahrers murmelnd der Stand der Dinge kommentiert: »Du schau, sehr interessant, bei Shell nehmen sie gerade 0,7 Cent weniger für den Liter Diesel.«

Im Drogeriemarkt werden die Schnäppchenprofis ganz rotwangig, wenn ihr Einkaufsbegleiter die Frage des Kassierers nach einer Payback-Karte verneint, und schieben eifrig die eigene Karte über den Tresen. Im Supermarkt lungern sie nach dem eigenen Einkauf noch ein bisschen im Kassenbereich herum, um womöglich den ein oder anderen Streifen Treueherzen abzustauben, die ein Kunde nach ihnen nicht wollte. Und in Zeiten des Schlussverkaufs gerät der Rabatteinstreicher natürlich außer Rand und Band: Am obligatorischen Wühltisch befördert er unliebsame Konkurrenten mittels sanfter Ellbogen-Checks ins Hintertreffen; den Drehständer mit den T-Shirts für 1,99 Euro bringt er karussellartig zum Schwingen, egal ob auf der anderen Seite ebenfalls Kunden stehen und im T-Shirt-Wald blättern.

Auch bei der Gewinnaktion ihres Supermarktes machen sie begeistert mit: Ihre Rubbellose rubbeln sie mit einer eigens für diesen Zweck stets mitgeführten Feile frei, und die Freude über die gewonnene Flasche Wein ist so groß, da macht es auch nichts, dass die Einkaufsbegleitung zitternd vor Anstrengung mit einem Strauß Tüten zwanzig Minuten im Ausgangsbereich warten muss, weil man sich mit Engelsgeduld in eine Schlange einreiht, um den Dreiviertelliter Plörre abzugreifen, der in einer Weinflasche mit aufgedrucktem Logo des Supermarktes daherkommt.

Rote Ohren bekommt der Rabattjäger, wenn Elektronikfachmärkte mit Sonderaktionen locken und damit Menschenschlangen provozieren wie damals vorm Konsum, wenn es exotisches Obst gab. In seinem Wohnzimmer steht zwar schon ein Plasma-Fernseher; trotzdem schlägt er Stunden vor Ladenöffnung um vier Uhr morgens sein Iglu-Zelt vor dem Saturn-Eingang auf. In den nächsten Stunden wird er Freundschaft mit Gleichgesinnten schließen, Kaffee oder eine heiße Suppe auf seinem Campingkocher zubereiten und sich feixend ganz am Anfang der bald hundert Meter langen Menschenschlange einreihen. Hier geht es nicht um den Plasma-Fernseher – es geht ums Dabeisein bei diesem »Happening«.

»Geben Sie mir einfach, was es Ihnen wert ist.«
Wer diese Ansage macht, darf kein Problem mit dem Ergebnis haben

Das Leben, so kommt es einem vor, ist eine einzige Aneinanderreihung von Entscheidungen, Abwägungen und Einschätzungen. Deshalb ist es ein Segen, dass manches einfach fix ist – in der Regel gehören Preise dazu. Eine Sache kostet eine bestimmte Summe, und jeder kann sich überlegen, ob ihm die Sache diese Summe wert ist, so hat es zu funktionieren, Basare und Flohmärkte ausgenommen. Deshalb sind Stresspickel und Aggressionen vorprogrammiert, wenn dieses Prinzip sabotiert wird.

Da steht man im Wohnzimmer einer wildfremden Person und möchte gerne deren räudigen Plattenspieler erwerben, den sie in den Kleinanzeigen des einschlägigen Stadtmagazins inseriert hat, oder man macht Bekanntschaft mit dem Orgelspieler, der die eigene Hochzeit musikalisch untermalen soll. Irgendwann möchte man dann ganz gerne wissen, wie viel der Spaß denn kosten soll, und erhält die gefürchtete Antwort »Geben Sie mir einfach, was es Ihnen wert ist«. Diese Antwort ist eine große Unverschämtheit. Schließlich sollte es doch genau andersrum laufen! Der andere sollte seinen Preis nennen, und dann will man sich schön still und leise überlegen können, ob man ins Geschäft kommt oder nicht – und plötzlich sind alle pekuniären Scheinwerfer auf einen selbst gerichtet. Die Sache kann kein gutes Ende nehmen. Entweder man nennt aus Angst vor einem Geizhals-Image einen absolut überhöhten Preis, von dem man ganz sicher sein kann, dass die andere Person ihn nicht zu hoch finden wird; der andere lacht sich ins Fäustchen und streicht den Betrag ein, im Stillen feixend über den Deppen, der ihn gezahlt hat. Oder aber man nennt mutig einen Preis, der einem angemessen scheint. Aber: Woher soll man wissen, was angemessen ist? Schließlich ist man kein Gutachter für gebrauchte Plattenspieler und weiß auch nicht, was man in der Orgelspielerbranche so pro Stunde zu nehmen pflegt. Also spricht man mit einer nach bestem Wissen und Gewissen auserkorenen Summe vor – und erntet eisiges Schweigen, ungläubiges Schnauben oder ein überrascht-verächtliches Auflachen. Dem folgt eine fadenlippige Erklärung (»Auf ebay gehen die Dinger mitunter für hundertfünfzig aufwärts weg«), warum die genannte Summe nicht nur weit unter den Erwartungen zurückgeblieben, sondern zudem als absolute Unverschämt-heit zu betrachten ist.

Man selbst ist also völlig unverschuldet zum »Geiz ist geil«-liebenden Pfennigfuchser mutiert, der das gut erhaltene »absolute Sammlerstück« zum Ramschpreis haben will und lieber den traditionellen Berufsstand der Orgelspieler in den Bankrott treibt, als am wichtigsten Tag im Leben anständig zu entlohnen. Am liebsten würde man dem, der einem das an-getan hat, an die Gurgel gehen – in der Realität blättert man widerstandslos einen Betrag hin, von dessen Höhe das Gegen-über nun plötzlich doch ganz konkrete Vorstellungen hat.

Langsam hebt der Vordermann die dritte prall mit Leergut gefüllte Tüte aus seinem Einkaufswagen …
Wenn Leute alle Pfandflaschen des letzten Jahrzehnts auf einmal zurückbringen

Keine andere Tätigkeit eignet sich so gut zum Hineinsteigern wie das Warten. Langeweile und Stagnation lassen das bloße Atmen des Nebenmannes im Arbeitsamt zur Folter werden. Kommt nun noch das Gefühl hinzu, der Nebenmann ist über-haupt erst schuld an dieser elenden Warterei, ist man bereit zu töten.

Die Rückgabe von Pfandflaschen ist für viele Menschen an sich schon eine äußerst unliebsame Aufgabe. In Kombination mit Warten wird sie zum Nervtöter. Da das Horten leerer Fla-schen zum großen häuslichen Ärgernis werden kann, bringen die meisten Leute ihre Pfandflaschen in regelmäßigen Ab-ständen zurück zum Supermarkt, stellen sich an der Rück-gabemaschine an und haben ihre Flaschen in dreißig Sekun-den entsorgt. Eigentlich. Denn viel zu oft passiert es, dass eine

Person mit einem Einkaufswagen noch knapp vor einem in die Schlange einfädelt und in diesem Wagen das Leergut eines gefühlten ganzen Jahrzehnts aufgetürmt hat. Dieser Mensch hat oft langes Haar und wirkt verkatert. Die Flaschen sind mit Zigarettenstummeln gefüllt und Etiketten fehlen. Mit narkotischer Langsamkeit macht sich der Langhaarige an der Maschine zu schaffen, während sich hinter ihm ein Stau bildet. Man könnte meinen, er würde die Maschine erstmalig betätigen. Selbstverständlich versucht er auch die Flaschen, die keine Pfandflaschen sind, durch beharrlich wiederholtes Einführen in die Maschine zu bekommen. Einige der Flaschen beinhalten Flüssigkeitsreste, die er langsam in einen Extrabehälter entleert. Der Flaschenautomat erfordert die gesamte Aufmerksamkeit des Langhaarigen. Sonst käme er womöglich auf die Idee, die drei Leute, die mit jeweils drei Flaschen und schwelender Aggression hinter ihm anstehen, kurz vorzulassen. Die ersten genervten Ausatmer blasen dem Langhaarigen eisige Luft in den Nacken, die er nicht mehr ignorieren kann. Er gerät unter Stress und beginnt, noch mehr Fehler zu machen. Er legt die Flaschen zu schnell hintereinander aufs Band, mit dem Ergebnis: Flaschenstau.

Erst als die Stimmung einer Revolte nah ist, hat der Langhaarige sein Tagwerk verrichtet und trollt sich kleinlaut. Doch man ist ihn noch nicht los, spätestens an der Kasse trifft man ihn wieder. Dort bezahlt er eingeschweißte Wurst und weitere Produkte der Supermarkt-Eigenmarke. Er wartet, bis die Kassiererin die Summe ansagt, dann kramt er verschreckt in seinen Cordhosentaschen, zieht den krümeligen Pfandbon hervor und murmelt: »Huch, hab ich vergessen, ich hatte ja noch Pfand!« Der Kassiererin schwillt der Kamm.

Medien und Kommunikation

»Boah nee, ne?! Ich seh schon wieder so scheiße aus auf dem Foto!«
Über den unsouveränen Umgang mit dem eigenen Bild

Das Zeitalter der digitalen Fotografie ist Fluch und Segen zugleich. Fast vergessen ist die Epoche, in der man sich diskussionslos damit abfinden musste, dass man auf dem romantischen Urlaubsbild, auf dem man durch geschicktes Positionieren scheinbar die Sonne von Capri in seiner Hand hält, die Augen zur Hälfte geschlossen hat. Es war nun mal das einzige, man hatte kein anderes! Und man musste nun schauen, welches Motiv man dem neuen Freund alternativ auf einen Kissenbezug drucken konnte.

Seit jeher gibt es Menschen, vorwiegend Frauen, die sich – sobald in ihrer Nähe eine Kamera auftaucht – hektisch durch die Frisur gehen, rote Ohren bekommen und schrill kreischend unter den Tisch abtauchen, um ja nicht fotografiert zu werden. Warum diese Panik veranstaltet wird, blieb und bleibt stets völlig unklar. Die Angst, auf dem einen Schnappschuss gerade unvorteilhaft auszusehen, ist womöglich begründet. Dennoch ist die Entwürdigung ungleich größer, das Gesicht für Minuten unsouverän unter einem Haarvorhang zu verstecken.

Seitdem Digital- und Handykameras jede noch so banale Veranstaltung zu einer dokumentationswürdigen Angelegenheit stilisieren, kommen fotoscheue Personen kaum noch zur Ruhe. Sobald ein Foto geschossen wurde, stürmen sie auf die fotografierende Person zu, reißen ihr die Digitalkamera respektive das Mobiltelefon aus der Hand und überprüfen ihren eigenen Gesichtsausdruck auf dem Bild. Sollte er auch nur minimal von ihrem einstudierten Fotogesicht abweichen, wird das Bild ohne Rücksprache gelöscht oder seine Verbreitung mit völliger Ernsthaftigkeit untersagt. Doch auch wenn es an dem Bild wieder einmal nichts zu beanstanden gibt – es ist völlig klar, dass die Person lautstark bejammert, wie unglaublich blöd sie schon wieder aussieht und wie wahnsinnig unfotogen sie doch ist. Den anderen Anwesenden fällt allerdings weniger die fehlende Fotogenität als die Ich-Zentriertheit der Person auf.

Was so viele Menschen an dieser Verhaltensweise aufregt, ist die Tatsache, dass der Meckerer meist die eitelste und damit auch oft die attraktivste Person der Runde ist, die sich auf den Bildern eigentlich nie über eine glänzende Stirnpartie oder eine sich unattraktiv gelb absetzende Zahnreihe ärgern muss, die aber trotzdem das Gemeinschaftsunterfangen »Gruppenbild« für sich allein in Beschlag nimmt und das Prinzip »Schnappschuss« ad absurdum führt.

Sobald Fotos von einem wichtigen Ereignis existieren – Hochzeiten, Taufen oder runde Geburtstage –, legen diese Personen eine irrsinnige Beharrlichkeit an den Tag, die Bilder als Erstes zu Gesicht zu bekommen, und das womöglich noch, bevor sie den Weg in ein Erinnerungsalbum finden. Mit scheinheiligen Mails (»Du hattest doch neulich abends Fotos gemacht ...«) fordern sie die Ersteinsicht. Oder sie grapschen beim Fotosgucken mitten über den Tisch und die frisch vermählte Ehefrau hinweg oder drängeln ihren Kopf vor den Laptop und rufen hysterisch »Halt!« bei jedem Foto, bei dem sie auch nur im Hintergrund zu sehen sind, um es kritisch zu begutachten und eventuell die Verbreitung zu untersagen. Eben diese Blindwut, es billigend in Kauf zu nehmen, dass die Braut auf ihrem eigenen Hochzeitsbild gerade niest, nur damit man selbst ganz links in Reihe dreizehn eine gute Figur abgibt, macht wütend.

Auch hier ist allerdings wie fast überall ein goldener Mittelweg von unschätzbarem Wert, denn auch der gegenteilige Umgang mit dem eigenen Bild ist schwer zu ertragen: Menschen, die in jeder noch so banalen Situation sagen, dass man da »aber echt mal 'n Foto von machen müsste«. Ganz egal, ob es sich lediglich um das eigene Abendessen handelt, mit dessen Bilddokumentation sie ihre Facebook-Freunde langweilen; oder ob es fünf Uhr morgens ist und es besser wäre, wenn alle Partygäste sich in schöner Erinnerung behalten, anstatt die fahlen Fratzen einer durchzechten Nacht mit geweiteten Poren und neurodermitischen Augenpartien am nächsten Morgen auf dem Handy zu sehen.

Jede Situation ist diesen Menschen prinzipiell wert, festgehalten zu werden. Egal womit man sich gerade in Anwesenheit solcher Menschen beschäftigt, man wird nach spätestens fünf Minuten in das grelle Licht einer Handykamera schauen, obwohl man gerade mit einer Schüssel Rucola-Salat kämpft. Es ist nur eine Frage der Zeit, bis einen eben diese Leute nach ihrem Mykonos-Urlaub zum »griechischen Abend« einladen und die Gäste durch qualvolle Stunden nicht enden wollender, mit Sirtakimusik untermalter Fotosessions jagen und man selbst fade Grissinis in Zaziki tunkt und versucht, während der ausladenden Fotoerklärungen einigermaßen interessiert zu schauen (»Martina beim Rückenschwimmen im Hotelpool«, »Martina beim Brustschwimmen«, »Martina beim Delphinschwimmen«). Zum Glück hat der Gastgeber für genug Ablenkung von den Bildern gesorgt, denn zu jedem gibt es selbstverständlich auch eine passende eigene Urlaubsanekdote.

»Was für ein armseliges Machwerk …
armes Mediendeutschland!«
Wie die Anonymität des Internets Menschen
zu Furien werden lässt

Bei vielen Personen, die im Internet zum User werden, geht es mit dem Charakter steil bergab; wobei, vielleicht muss man auch im echten Leben zumindest ansatzweise ein bösartiger, frustrierter, arroganter Wüstling sein, um unter fremde Texte seinen Hass in so formvollendeter Perfektion formulieren zu können, wie es auf allen Internetseiten passiert, die eine Kommentarfunktion zulassen. Und dank der Anonymität und damit des warmen Schutzmäntelchens des Internets mutieren auch Menschen zu wütenden Racheengeln, die sich im Restaurant nicht mal über kaltes Essen zu beschweren trauen. Wer die gehässigen Kommentare studiert, fragt sich, was das für Leute sind, die emsig Bösartigkeiten unter Texte schreiben, die sie angeblich doch eh nicht interessieren. Kommentierende User kommen nie auf den Gedanken, dass sie womöglich nicht mit jedem Text persönlich gemeint sind. Vielmehr weiden sie sich an der kleinen Macht, die sie besitzen. Wann sonst hat man im Leben schon die Chance, jemandem verbal mal so richtig die Fresse zu polieren, ohne gegebenenfalls dazu stehen zu müssen?

Ein ebenfalls ärgerliches Phänomen sind User, die auf Bewertungsplattformen zum Zerstörer mutieren. Leute beispielsweise, die sich in der Kantine Tage im Voraus auf den Schnitzeltag freuen, verwandeln sich in Gourmetnazis, die sich am Ausschlachten von Kleinigkeiten weiden, die etwa beim Hotelaufenthalt oder Restaurantbesuch schiefgelaufen sind. »Hatte das Gefühl, die Tagesdecke wurde vorher schon mal benutzt, roch zumindest nicht gerade frisch gewaschen;

Klodeckel blieb nicht aufrecht stehen; bleibt da bloß weg, Leute!«

Gern auch: »Servietten musste ich mit der Lupe suchen, fand dann nur diese dünnen Dinger aus Papier. Würde ich keinen Fuß mehr reinsetzen.« Auf die Idee, dass Stoffservietten im vietnamesischen Imbiss nicht unbedingt zum Konzept gehören, kommen solche Wichtigtuer natürlich nicht.

Nicht weniger schlimm sind im Übrigen User, die in Foren zu jedem erdenklichen Thema ihr gefährliches Halbwissen ausbreiten: »Ohne Typhusimpfung nach Indien? Na dann viel Spaß, ist ja dein Körper. Aber beschwer dich nicht, wenn da was Chronisches draus wird …« Gerne geschmückt natürlich mit Inflektiven wie *kopfschüttel* oder *megasauer werd*.

»Waaas? Kennst du nicht?«
Leute, die ihr Inselwissen zur Allgemeinbildung erklären

Im Grunde ist es ja so: Jeder ist in irgendeinem Bereich des Lebens Experte. Der eine für bildgebende Verfahren mittels Radionukliden, der andere für Backsteingotik des 14. und 15. Jahrhunderts, ein dritter womöglich für das Spätnachmittagsprogramm von RTL II. Jeder dieser Teilbereiche hat natürlich auf seine Weise eine Berechtigung (vor allem in den Augen der jeweiligen Experten). Und es gibt immer wieder Experten, die ausschließlich auf ihrer kleinen Wissensinsel leben und davon ausgehen, dass genau ihr Teilbereich jener sein müsste, der es verdient, von der Menschheit en détail erfasst zu werden.

Erfahrungsgemäß sind es nicht unbedingt die Informatiker, Elektrotechniker oder Bauingenieure, die auf diesen kleinen Inseln leben, sie haben im Laufe der Jahre Demut gelernt. Sie wissen aus teils schmerzhafter Erfahrung: Das, was sie jeden Tag um die acht Stunden lang betreiben, taugt weder zum Partykracher, noch wird es von fachfremden Personen als relevantes Wissen wahrgenommen.

Allein eine Zeitung täglich durchzupflügen, um einigermaßen in Politik, Wirtschaft, Sport, Kultur und natürlich im »Panorama« auf dem Laufenden zu sein, fällt den meisten schwer. Insofern sollte eigentlich kaum jemand ausgerechnet seinen eigenen Inselbereich als jenen betrachten, für den das Gegenüber zufällig gesondertes Interesse entwickelt haben könnte. Vielmehr zeugt es von einer gesunden Portion Anmaßung, Übermut oder Weltfremdheit, das vorauszusetzen. Und trotzdem gelingt es Inselexperten wie den Sandsteingotikfans immer wieder, das höfliche Gegenüber in die prekäre Situation zu manövrieren, entweder bluffen zu müssen oder sich eine Blöße zu geben. Denn auf die beiläufig eingestreute Floskel »Kennst du ja sicher« (»Am Wiederaufbau der Kathedrale von Chartres hatte ja Villard de Honnecourt großen Anteil, kennst du ja sicher«), mag man ungern unterbrechen, um darauf hinzuweisen, dass es sich hierbei um eine eklatante Fehlannahme handelt.

Mit einem offenherzigen »Nee, kenn ich nicht« würde man erstauntes Augenbrauenhochziehen oder ein unvermeidliches »Was, kennst du echt nicht?« ernten. Oder, noch schlimmer: ein joviales »Ach so, entschuldige, ich dachte, den würde man kennen«. Also entscheidet man sich fürs Bluffen und muss in den folgenden Minuten ständig »Hmm, ja find ich auch« sagen, zustimmend nicken und hoffen, dass der Inselexperte sich weiterhin in seinem Monolog gefällt und nicht plötzlich zum Fragenstellen übergeht. Seltsamerweise fehlt den meisten das berechtigte Selbstbewusstsein, offensiv darauf hinzuweisen, keinen einzigen Baumeister irgendeiner Kathedrale zu kennen und, noch viel wichtiger, der festen Überzeugung zu sein, ein anständiger Kanon der Allgemeinbildung würde sehr gut ohne Kathedralenbaumeister auskommen.

»Ein Tag ohne Lachen ist ein verlorener Tag.« (Charlie Chaplin)
Und ewig schwingt die Pathoskeule

Womöglich werden Leute als Zyniker beschimpft, die der Meinung sind, Reden jeglicher Art mit Zitaten aus dem »Kleinen Prinzen« auszustatten sei absolut tabu, weil unglaublich abgedroschen. Es ist ja nicht so, dass die Zyniker nicht auch ein bisschen Wehmut empfinden würden – auch sie waren mal fünfzehn und konnten sich nichts Schöneres vorstellen, als ins Poesiealbum einer Mitschülerin »Man sieht nur mit dem Herzen gut – das Wesentliche ist für die Augen unsichtbar« in Schönschrift zu schnörkeln. Das ist ja das Schlimme: Eigentlich schöne und kluge Gedanken werden durch inflationären Gebrauch so lange zermürbt, bis sie nur noch wie eine betuliche Floskel klingen – der Prozess ist unvermeidbar. Vielen Leuten fehlt allerdings eine Antenne dafür, wann es so weit ist, oder aber sie haben einfach ein dickeres Fell. Und so werden mit großer Ernsthaftigkeit Satzhülsen wie das abgenutzte Chaplin-Zitat »Ein Tag ohne Lachen ist ein verlorener Tag« in Geburtstagsreden eingestrickt. Und während der Zyniker gallonenweise hochwertigen Wein in sich hineinkippt, wartet er auf jeder zweiten Hochzeitsfeier schicksalsergeben, bis es so weit ist und der Brautvater seine Rede mit »Antoine de Saint-Exupéry hat ja einmal gesagt …« einleitet.

Ebenso unglücklich ist er über die gern genutzte Einleitung »Ich habe ja mal im Internet nach Zitaten gegoogelt und bin auf dieses von Johann Wolfgang von Goethe gestoßen« – als hätten Redner Angst davor, ihre eigenen Worte zum Einsatz zu bringen. Der Verweis auf das Mittel der Internetrecherche soll pfiffig wirken und zeigen, wie gut die modernen Techniken der digitalen Welt beherrscht werden.

Vor zehn Jahren war man womöglich noch von sich selbst gerührt, als man dem Freund einen Adventskalender bastelte und neben handgeschriebenen Zetteln mit Songtexten von Lou Reed auch Annette von Droste-Hülshoffs »Leuchtende Tage – nicht weinen, dass sie vergangen, lächeln, dass sie gewesen« nicht fehlen durfte, falls ein Auslandssemester anstand und man der festen Überzeugung war, diesen Verlust nicht zu überstehen.

Liebhaber der abgenutzten Weisheiten werden dem Zyniker natürlich vorwerfen, fertig mit der Welt und ein unempfindsamer Klotz zu sein – und gutgelaunt beim nächsten Anlass die Pathoskeule schwingen. Vielleicht steht dann ja eine Zeitungsanzeige wie diese an, gefunden in einer großen Tageszeitung und leicht abgewandelt: »Und wieder hörte die Erde für einen kurzen Moment auf, sich zu drehen, der Mond hielt den Atem an und ein Stern erschien am Himmel, denn du, meine zweite Nichte, erblicktest in Düsseldorf das Licht der Welt. Staunend, zutiefst ergriffen, dankbar und mit unendlicher Liebe durfte ich Dich, Du einzigartiges, wundervolles Geschenk des Lebens, im Arm halten. Wenn es sein muss, fliegen wir auch gegen den Wind. Deine Tante.«

»Guck dich jetzt mal nicht um.«
Und schon ist der ärgerliche Reflex ausgelöst,
genau das zu tun

Ein innerer Drang, dem man sich nur schwer widersetzen kann: Sobald man den Blickkontakt mit jemandem vermeiden will, muss man automatisch immer wieder hingucken, bis sich die Blicke garantiert irgendwann treffen. Warum man immer wieder hinguckt, ist nicht genau zu erklären. Vielleicht um sich zu beweisen, dass es noch ein einziges Mal gutgehen wird. Und noch einmal. Bis es dann irgendwann natürlich nicht mehr gutgeht und man sich mit dem alten Kommilitonen, den man eigentlich schon vor Jahren nicht mochte, für nächsten Dienstag zum Essen verabredet hat.

Gelingt es einem doch, selbst nicht hinzusehen, hat man garantiert jemanden dabei, der diese Aufgabe für einen übernimmt. Zwei Freundinnen sitzen an einem Tisch im Restaurant. Die eine schaut die andere konspirativ an und zischt dann leise durch die Zähne: »Schau dich jetzt mal auf keinen Fall um …« Noch bevor die Freundin den Satz vervollständigt hat, kneift die andere fixierend die Augen zusammen, bekommt einen meterlangen Hals, einen verkrampften Mund und blickt aufgescheucht wie ein Erdmännchen durchs Lokal, um zu erkennen, wer gemeint sein könnte. Eventuell nimmt sie sogar noch den Finger zu Hilfe und zeigt umständlich auf denjenigen, von dem eventuell die Rede sein könnte. Das macht sie so lange, bis es die gemeinte Person dann auch bemerkt hat. Ist erst mal Blickkontakt hergestellt, läuft sie rot an und schaut abrupt wieder geradeaus.

Falls es der Freundin nach dem Satz »Schau dich jetzt mal nicht um …« doch noch einen kurzen Moment gelingt, sich zusammenzureißen und nicht sofort geifernd den Raum zu scannen, bleibt sie trotzdem nicht unauffällig. Stattdessen versteift sie augenblicklich, redet wie ein Roboter und fragt fünfsekündlich: »Kann ich jetzt? Kann ich jetzt?«, so lange, bis der ganze Laden merkt, dass irgendwas hier nicht stimmt.

»Schlussendlich habe ich mich dann für eine Ausschabung entschieden ...«
Manche Dinge möchte man gar nicht so genau wissen

Abtreibungen, frühkindliche Gewalterfahrungen, eine langjährige Drogenkarriere, der Crystal-Meth-Konsum am letzten Wochenende, die Krampfadern-OP nach neuester Lasertechnik, dass es im Bett schon mal besser gelaufen ist – zweifelsfrei Dinge, die enge Vertraute einem sehr gern erzählen dürfen; erhält man solche Informationen allerdings von Leuten, die man eher in den ferneren Bekannten- oder Kollegenkreis einsortiert hätte, wird es schwierig. Da bleibt einem das Rahmschnitzel schon im Halse stecken, wenn die schwangere Kollegin in der Mittagspause beiläufig erwähnt, der Schwangerschaft wären drei Fehlgeburten im zweiten Schwangerschaftstrimester vorangegangen. Oder wenn der eigene Vater, dem man die schöne Bauhausleuchte abgeschwatzt hat, wehmütig erzählt, diese habe »mir und deiner Mutter« lange als »Intimbeleuchtung« gedient. Brrrr. Von manchen Dingen möchte man einfach glauben, sie existierten nicht, und dazu gehört definitiv das Sexleben der eigenen Eltern und die Krampfadernsituation an den Beinen von Vorgesetzten. Solche Informationen sollen einfach für immer im weichen Nebel des Nichtwissens vor sich hin schwimmen dürfen. Auch, damit man sich nicht innerhalb von Sekundenbruchteilen für eine Reaktion entscheiden muss, die besser ist als peinlich berührtes Zubodenstarren oder: »Hm, och, das tut mir ja jetzt wirklich leid, du.«

»Hörst du mich jetzt? Hallo …? Warte, ich ruf noch mal an!«
Penetrante Anrufe trotz Funkloch

Durchaus, es gibt Gründe, jemanden zehn Mal hintereinander auf dem Handy anzurufen: Schlimme Unfälle, zweifelsfrei zu erwartende Flugzeugabstürze oder wenn man sich nackt aus der Wohnung ausgesperrt hat und im Treppenhaus den zehnköpfigen Putztrupp nahen hört. Katastrophen also, Dringlichkeiten, die keinen Aufschub zulassen. Jeder Anruf ein Stoßgebet.

Kein Wunder also, dass man nach dem Kinobesuch beim Blick aufs Handy-Display gelegentlich fast vor Angst in Ohnmacht fällt, weil zehn Anrufe in Abwesenheit nur den geplanten und mittlerweile wahrscheinlich ausgeführten Suizid der eigenen Mutter bedeuten können. Ruft man panisch zurück, kaut Mutter gerade Kekse, lümmelt auf der Couch und sagt: »Wollte mal quatschen, aber du hattest keinen Empfang.«

Menschen, die zehn Mal hintereinander anrufen, muss gesagt sein: Das Klingeln wird nicht lauter, wenn man zehn Mal anruft. Und nur, weil sie selbst gerade gelangweilt auf die U-Bahn warten und Lust haben zu telefonieren, gilt diese Langeweile nicht für die Person am anderen Ende der Leitung. Die hat nämlich gerade keinen Empfang, steht an der Supermarktkasse oder hat Geschlechtsverkehr.

Das altkluge Motto »Wer einmal lügt, dem glaubt man nicht …« lässt sich auch auf Telefonverhalten problemlos anwenden. Wer letzte Woche zehn Mal hintereinander angerufen hat, um zu fragen, ob man mal das Käsekuchenrezept rüberreichen könnte, das man in einem Monat vielleicht auch mal ausprobieren will, dem wird man beim nächsten Dauerklingeln auch einen banalen Grund unterstellen, obwohl der Anrufer seit einer halben Stunde frierend bei Regen vor der Tür steht und die Klingel ausgefallen ist.

Ein landläufiger Irrglaube ist der, dass Handyempfang besser wird, wenn man es einfach nur ganz doll will. Es ist verständlich, wenn die beste Freundin detailliert vom ersten Date mit dem neuen Freund erzählen möchte, aber es muss für den Moment in Ordnung sein, dass man selbst sich blöderweise im Souterrain eines Supermarkts befindet und schlecht alle mühsam zusammengesammelten Zutaten für das Abendessen wieder weglegen und sich sofort unter einen Sendemast begeben kann. Je schlechter der eigene Empfang, desto dringlicher der Anrufer. Wie immer gibt sich der Schuldige im Nachhinein unbedarft: »Irgendwie wurden wir vorhin unterbrochen.«

Freizeit, Sport und Tiere

»Pssssst!«
Darf man eigentlich beim Public Viewing reden?

Während alle Kneipengäste gebannt auf die Leinwand starren, auf der sich gerade die Fußball-Weltmeisterschaft entscheidet, gibt es immer dieses eine Mädchen, das den besten Platz hat, sich allerdings mit dem Rücken zur Leinwand gesetzt hat und versucht, sich mit den anderen am Tisch zu unterhalten. Ihre schrille Stimme dringt mit Details über ihre Masterarbeit durch die angespannte Stille vor dem Anlauf zum Elfmeter. Zwischendurch dreht sie sich um, wirft auch mal einen Blick auf das Spiel und sagt mit einer Mischung aus Mitleid und Amüsement so etwas wie: »Versteh nicht, was daran spannend sein soll, wenn 22 Männer einem Ball hinterherlaufen.« Wären die Zuschauer nicht so abgelenkt, würde dieses Unverständnis gepaart mit grässlicher Koketterie ihnen zu Recht entsetzlich auf die Nerven gehen. Und jedem Menschen, der ihr den Mund verbietet, würde man noch mehr applaudieren als dem Elfmeter-Torschützen.

Doch Fußball ist ein Sonderfall. Das Primat des Schweigens gilt nur dann, wenn das öffentliche Gucken in der Masse einen Mehrwert gegenüber dem Privatgucken hat, weil man sich blöd dabei vorkommt, alleine mit einem Plüschzylinder in Deutschlandfarben vor dem Fernseher zu sitzen, Flaggen zu schwenken und grölend Victoryzeichen in die Luft zu strecken, wenn ein Tor fällt.

Seit einiger Zeit ist es in Großstädten »Trend«, auch Krimis am Sonntagabend auf einer Leinwand in Kneipen zu gucken. Hier sitzen dann einige intellektuell dreinschauende Frauen, die sich den ganzen Abend an einer Weinschorle und einem

Leitungswasser festhalten, und sehen sich den »Tatort« an, während der Rest der Kneipenbesucher sich mucksmäuschenstill verhalten muss, um nicht den Zorn dieser Frauen auf sich zu ziehen. Es gibt keinen Grund, sich diesen Film in der Kneipe anzusehen anstatt daheim. Zu Hause sitzt man bequemer, der Wein ist billiger, der Blick besser. Man will neue Kontakte knüpfen? Dann würde man ja nicht allen, die sich auch nur flüsternd wagen zu verständigen, sofort ein schneidendes, langgezogenes »Pssssst!« entgegenzischen.

Viele Menschen erleben es daher als pure Schikane, wenn eine Handvoll umsatzschwacher, stiller »Tatort«-Gucker plötzlich in der eigenen Stammkneipe sitzen, entscheiden, dass nun nicht mehr gesprochen werden darf, und andere erwachsene Menschen mit lehrerhaften »Pssst«s maßregeln. Dazu sind Kneipengänger auch noch oft Menschen, die – gerade erst dem strengen Elternhaus entwachsen – nahezu allergisch auf Zurechtweisungen jedweder Art reagieren. Eine schlechte Kombination. Bei aller Genervtheit sollten die Stammgäste besonnen auf die »Tatort«-Gucker reagieren, um die sympathischere Gruppe zu bleiben. In Minute drei laut grölend hineinblöken, dass man schon längst wisse, wer der Mörder sei, nervt nämlich fast genau so doll.

»Also für die Fettverbrennung ist Nordic Walking auch viel besser als Joggen ...«
Wie eine sogenannte Trendsportart ihre Gegner mit Stöcken aus dem Weg räumt

Beim Sport sollte man sich auf eine logische Rechnung verlassen dürfen: Das, was am meisten anstrengt, verbraucht in der Regel auch die meisten Kalorien und macht folglich auch am dünnsten und fittesten. Es liegt in der Natur des Menschen, nach Möglichkeiten zu suchen, Anstrengung und körperlichen Verzicht zu vermeiden und trotzdem den erhofften Effekt zu erzielen. Die Sportart Nordic Walking ist der Höhepunkt der Schönfärberei.

Nordic Walking ist schnelles Gehen mit zwei Skistöcken, bei dem bei jedem Schritt ein Stock in den Boden gerammt wird, und zwar der rechte Stock, wenn man den Schritt mit links geht, und umgekehrt. Die Anhänger dieses Trends betonen stets, es handele sich beim Nordic Walking um eine Ausdauersportart. Dies mag stimmen, wenn Joey Kelly beschließt, mit zwei Nordic-Walking-Stöcken Sibirien in zwei Wochen zu durchqueren. Für das Gros der Walker trifft das allerdings nicht zu.

Zumeist sind Nordic-Walking-Gruppen Rudel von mindestens zehn reiferen Frauen, die sich bereits vierzig Sekunden vor physischem Erscheinen durch das selbstbewusste, rhythmische Tackern von Metallstöcken auf Asphalt ankündigen und heiter plaudernd und mit energisch wippenden Mini-Rucksäcken und Fleece-Jacken am sich erschrocken zur Seite rettenden Spaziergänger vorbeiwalken, ohne auch nur eine Sekunde daran zu denken, vielleicht selbst auszuweichen. Einen besonders sportlichen Eindruck machen die zumeist weiblichen Läufer in der Regel nicht, und es ist auch immer genug Luft zum angeregten Gespräch untereinander vorhanden. Nordic Walker folgen in ihrem Verhalten einer einfachen Regel: Je langsamer der Walker, desto größer sein missionarischer Eifer den Leuten gegenüber, die so blöd sind, zur körperlichen Ertüchtigung zu joggen, Rad zu fahren oder andere Dinge zu tun, die wirklich anstrengend sind.

In genau diesem Verhalten liegt begründet, warum Nordic Walkern so schwer mit Wohlwollen zu begegnen ist. Nordic

Walker geben sich nicht einfach damit zufrieden, einem unattraktiven Bewegungshobby mit zwei Stöcken nachzugehen, sondern stilisieren Nordic Walking zum Nonplusultra des modernen, körperbewussten Menschen. Es beziehe die gesamte Muskulatur mit ein und halte den Puls auf einem ganz bestimmten Level, das optimal für die Fettverbrennung und durch Rennen überhaupt nicht zu erreichen sei. Ungefragt zitieren sie zur Untermauerung ihrer Behauptungen Studien, die die Gelenkfreundlichkeit des Nordic Walking beweisen, ohne dabei in Betracht zu ziehen, dass auch ein Fernsehabend eine gelenkschonende Angelegenheit ist.

Nordic Walker tragen die Hybris der Unterschätzten zur Schau, die sich zusammenrotten in der unumstößlichen Überzeugung, in Wirklichkeit die Überlegenen zu sein. Schwitzende Jogger mit Schnoddernasen, verschwitztem Haarkranz und Schweißmonden bis zum untersten Rippenbogen? Die Nordic Walker feixen. Natürlich schwitze man auch beim Nordic Walking, aber in Würde. Hier allerdings drängt sich zu oft die Annahme auf, dass dabei eher das Klimakterium eine Rolle spielt.

Bei aller zur Schau gestellten Überlegenheit reagieren Nordic Walker ihrerseits allergisch auf spöttische Vorwürfe, beim Nordic Walking handele es sich um bloße, als Sport getarnte Verdauungsspaziergänge. Daher behaupten die Walker, vor dem erfolgreichen Durchstarten in ein neues, sportliches Leben müsse man einen professionellen Kurs besucht haben, da man – Achtung! – beim Nordic Walking echt viel falsch machen könne, wenn man die richtige Technik nicht beherrscht. Auch ohne ihre Stöcke tendieren Nordic Walker dazu, beim alltäglichen Gang zum Briefkasten oder zur U-Bahn die Arme roboterhaft anzuwinkeln und Phantomstöcke nach hinten zu schwingen. So kann man auch zwischendurch noch was für seinen Körper tun! Beim Thema Konse-quenz macht den echten Nordic Walkern nicht mal Joey Kelly was vor. Das immerhin ist beneidenswert.

»Der tut nichts, der will nur spielen!«
Der Hundebesitzer als Nervensäge

Die Liebe eines Herrchens zu seinem Haustier geht sehr weit. Meist sogar so weit, dass das Herrchen in der Öffentlichkeit zwar behauptet, der Hund würde selbstverständlich nicht im Bett schlafen, heimlich aber mit wohligem Erschaudern daran denkt, wie er jede Nacht eine Toxoplasmose-Infizierung nur allzu gern in Kauf nimmt, solange er die schwarzen Pfoten sei-nes Hundes in der Nähe seines Gesichts spüren und riechen darf.

Insgeheim versteht der Hundebesitzer zwar nicht, warum sein Hund nicht mit den Kindern auf dem Spielplatz im Sand-kasten buddeln und im Restaurant nicht mit Herrchen auf der Bank sitzen darf, wenn ihm auf dem Boden doch kalt ist; in der Gegenwart von Nicht-Hundebesitzern aber hält er sich mit allzu offensichtlichen Liebesbekundungen zurück und versucht wenigstens theoretisch zu akzeptieren, dass man auf die Schwärmereien einer Kindgeburt nicht direkt mit wis-sendem Lächeln und der Anekdote des letzten Welpenkaufs aufschließen sollte.

Die Aggression vieler Menschen ist nachvollziehbar, die einen Dogo Argentino im gestreckten Galopp auf sich zu-rasen sehen und auf die Aufforderung zum Anleinen vom Besitzer lediglich ein freundliches »Der tut nichts, der freut sich bloß!« entgegengesetzt bekommen. Denn der durch Tier-liebe und Vermenschlichung verstrahlte Hundebesitzer neigt dazu, nicht zu erkennen, dass viele Menschen vielleicht gar nicht unter Hundeangst leiden, sondern sich schlichtweg vor schmutzigen Felltieren mit Mundgeruch ekeln, die sich erigiert an Hosenbeinen reiben und sich zur Begrüßung gegenseitig am Po riechen. Sie sind nicht daran interessiert, einen Hund zu streicheln, zwei große liebevolle Tatzen auf die Brust gelegt zu bekommen oder endlich ihre Angst zu überwinden. Sie finden all das nicht süß.

Fairerweise: Die Anzahl der Hunde-Hysteriker schließt besorgniserregend auf. Menschen, die in fünfhundert Metern Entfernung mit rudernden Armen und Feldherren-Ton dazu auffordern, den Hund sofort anzuleinen, weil man ansonsten das Ordnungsamt einschalten werde, obwohl weder der Hund noch der Halter sich für ihn interessieren. Dieselben Leute sind es, die das Hundeauslaufgebiet zu ihrer Joggingstrecke erklären und genervt zu fluchen beginnen, wenn ihnen dort ein Hund im Weg steht und sie in Funktionskleidung und Fleece-Stirnband ein winziges bisschen ausweichen müssen. Sicherlich haben sie noch nie darüber nachgedacht, wie oft sie selbst zum Hindernis auf Gehwegen werden, weil sie stets abrupt stehen bleiben, sobald sie einen Hund sehen, der sich in Stuhlgangsposition begibt, um blockwarthaft und mit dem Blick eines Erdmännchens zu überprüfen, ob der Haufen auch ordnungsgemäß entsorgt wird.

»And you're singing the songs, thinking this is the life, and you wake up in the morning and your head feels twice the size, where you gonna go ...«

Der Dancefloor eignet sich hervorragend als Brutstätte von Aggressionen, selbst gegen ansonsten im Alltag liebgewonnene Zeitgenossen. Die Tanzfläche ist ein intimer Ort, den manche lieben und andere hassen, auf dem man Anmut zeigt oder das Gegenteil davon, mit dem man verschmilzt oder sich fühlt wie ein ewiger Fremdkörper. Aus diesen Gründen gebietet es die eigene Dezenz nicht nur, anderen Menschen selbst die Entscheidung zu überlassen, Teil der Tanzfläche zu werden, sondern auch davon abzusehen, andere Menschen beim Tanzen anzusingen.

Das Mitsingen von Liedern auf der Tanzfläche ist ein beliebtes Ventil, der eigenen zur Schau gestellten Körperlichkeit den Druck zu nehmen und ein wenig Leichtigkeit beizumischen. Jeder kennt die sich wie Kaugummi ziehenden textlich meist unbekannten Strophen eines Liedes, während derer man schüchtern seine eigenen Bewegungen überprüft und versucht, möglichst wenig Blickkontakt mit anderen Tanzenden zu unterhalten. Ein ewiges Warten, bis endlich der Refrain wieder losgeht und man in einer Übersprungshandlung damit beginnen kann, den Text mitzusingen.

Nun gibt es aber auf jeder Party Menschen, die nicht aufhören können, »Tanzen« als Hobby bei Xing einzutragen, die ihre Partner zu Salsa-Kursen zwingen und die sich auf der Tanzfläche so gebärden wie andere Menschen höchstens allein vorm Spiegel. Eine diesen Menschen innewohnende

Eigenschaft ist es, sämtliche Texte von allen Liedern fehlerfrei mitsingen zu können. Jeder Zwischenruf sitzt, jede gerappte Textzeile wird mit Südstaatenslang perfekt rezitiert, lediglich bei stimmlichen Überschneidungen geraten sie ins Straucheln, weil sie sich schnell entscheiden müssen, ob sie nun die erste oder die zweite Stimme mitsingen sollen. Das Schlimme daran: Niemanden interessiert es, ob jemand allein auf der Tanzfläche vor sich hin singt. Deswegen benutzen die Textsicheren die Schüchternen als Bühne, um ihre Textkenntnis an den Mann zu bringen.

Unter dem Vorwand, mit ihnen tanzen zu wollen, singen sie ausdrucksstark und mit permanentem Blickkontakt den Text mit und zwingen den Schüchternen auf diese Weise dazu, das verklemmte Spiegelbild des Textsicheren zu sein und ungelenk ebenfalls zu versuchen, einige Textpassagen mit falscher Aussprache und Alternativvokabular mitzusingen, denn natürlich kann man dem Singenden während seiner Darbietung nicht nur einfach starr tanzend ins Gesicht gucken. Insgeheim beneidet man die selbstsicheren Tänzer, die nie das Gefühl haben, aus sich herauszutreten und die Albernheit des eigenen unrhythmisch zuckenden Körpers und des eigenen Gesangs von außen zu betrachten. Nein, sie singen einfach, genießen ihr Leben, tanzen, weil es ihnen Spaß macht, und feiern sich selbst. Das denkt der verschüchterte Text-Legastheniker zumindest. In Wirklichkeit natürlich achtet niemand mehr auf seine Außenwirkung als jene Leute, die jeden Text können.

Es empfiehlt sich, sofort das Weite zu suchen, wenn ein neues Lied angespielt wird und eine Person bereits nach einer Viertelsekunde mit einem schrillen Schrei die Arme in die Luft reißt, »Geil, ›Rude Boy‹ von Rihanna« ruft und nach einem Opfer zum Ansingen Ausschau hält.

Zur Wahrung des letzten Rests des eigenen Selbstbewusstseins: Die Vorstellung davon, wie diese Person allein im heimischen Badezimmer den Text von Rihanna geübt hat, holt ihn wenigstens ein Stück von seinem Gesangspodest.

»Hey, cool, dass du so sportlich bist. Komm, lass dich mal drücken!«
Bloß nicht – der Jogger will nur eins: Weg hier!

Es gibt den sogenannten Jogger-Gruß unter Anhängern der Laufbewegung. Jogger grüßen sich untereinander wie die Fahrer bestimmter Automarken oder Busfahrer. Sie heben kurz die Hand, während sie ungebremst weiterlaufen. Niemals käme einer auf die Idee, anzuhalten und kurz übers Wetter oder den neuesten Laufschuhtrend zu sprechen.

Joggen ist ein Hobby, von dem man zwar gerne erzählt (»Heute wieder zehn Kilometer in einer Stunde gerissen, ich kann langsam echt nicht mehr ohne!«), bei dem man aber nur ungern gesehen wird: Man ist meist ungeduscht, hat einen feuerroten Kopf, trägt Spandex-Kleidung und Turnschuhe, die aussehen wie Boote. Umso ärgerlicher also, dass man überproportional häufig beim Joggen Menschen trifft, die nicht etwa auch gerade joggen, sondern frisch frisiert ins Café schlendern oder mit dem neuen Partner spazieren gehen.

Während man sich entgegenkommt, wäre das angemessene Verhalten ein erkennendes Nicken oder ein knappes »Hallo« mit sofortigem Weitergehen. Guckt der Jogger sogar mit Absicht an einem vorbei, ist dies ein Signal dafür, dass er gerade nicht reden möchte oder kann. Pietätvolle Menschen blicken nun auch zur Seite, um den Jogger nicht zusätzlich zu demütigen. Die Mehrheit der Menschen aber hält den vorbeieilenden Jogger am Arm fest, ruft »Hey! Lange nicht mehr gesehen, wie geht's dir denn so?« und blickt ihn auffordernd an. Während der Jogger nach Luft schnappt und versucht, irgendwas zu antworten, ergötzen sich die gutgekleideten Bekannten am desolaten Zustand des Joggers, der mit geblähten Nüstern und in die Hüfte gestemmten Armen versucht, die gewehrsalvenartig kommenden Fragen zu beantworten.

Der Jogger befindet sich in größter Verlegenheit, denn was soll er tun? Wie ein Verrückter »Ich muss weiter!« brüllen und Gas geben? Stehen bleiben, das vollständige Panorama des verschwitzten Körpers preisgeben und aus dem Rhythmus kommen? Oder womöglich beim Reden auf der Stelle weiterjoggen? Leichtes Dehnen? Ein Tipp zumindest ist sicher: Der Jogger muss zusehen, schnell wieder wegzukommen. Er sollte dem Bekannten zuvorkommen, ihm irgendwann auf die Schulter klopfen und von dannen galoppieren. Denn es kann passieren, dass der Bekannte sonst zur Verabschiedung auf die Idee kommt, den müffelnden Jogger zu umarmen.

»Ey, haste auch was von den Chili Peppers?«
Der Disc Jockey als Freiwild

Die übliche räumliche Sockelposition des Disc Jockeys in einer Diskothek wird vom tanzenden Fußvolk oft als arrogante Selbstbeweihräucherung angeprangert. Der DJ zieht ohnehin die Aggression vieler Diskogänger auf sich, da er oft mit starrem Blick auf seinem Podest steht, die quengelnden Zurufe der sich aus dem verschwitzten Mob lösenden Einzelpersonen konsequent ignoriert und auch dann nicht reagiert, wenn man ihn ungeduldig am Ärmel zieht oder mit einer Scheibenwischerbewegung vor dem Gesicht wedelt.

Dass alle Frauen den DJ anhimmeln und er sich durch bloßes Zunicken aussuchen kann, mit wem er am Ende des Abends nach erledigter künstlerischer Tätigkeit nach Hause gehen will, ist allerdings vermutlich ein Klischee. In Wirklichkeit nämlich hasst ihn der Großteil aller Frauen. Diejenigen nämlich, deren hysterisch gekreischtem Wunsch nach »Like a Virgin« oder »It's Raining Men« er nicht widerstandslos und innerhalb von drei Minuten Folge leistet.

Der Wunsch des Diskogängers, in dem gewählten Etablissement Musik zu hören, die ihm gefällt, ist nachvollziehbar. Der Wunsch des DJs, Musik zu spielen, die in sein Konzept passt, auch. Abgesehen davon sind Geschmäcker bekanntlich verschieden, und wenn der DJ sich schon bereit erklärt hat, die Sechs-Minuten-Version von »Earth Intruders« von Björk voll auszuspielen, zu der ein Einzelner sich wabernd mythisch auf der Tanzfläche auslebt, kann man verstehen, dass er danach erst mal wieder seinen Ruf retten will.

Der Sockel des DJs kann gar nicht hoch genug sein. Denn zum einen gibt man ihm damit eine gottgleiche, höhergestellte Position, die zu akzeptieren jeder Diskobesucher lernen sollte. Wer zieht schon Gott am Ärmel und brüllt: »Ey, haste auch was von den Red Hot Chili Peppers???« Zum anderen schützt man ihn dadurch auch ganz praktisch vor den lästigen verbalen Attacken des gemeinen Diskovolks, denn dafür, vor dem DJ-Pult zu hüpfen, um auf sich aufmerksam zu machen, sind sich sogar die lästigsten DJ-Kletten zu schade.

Irrsinnige Auswüchse nimmt die DJ-Belästigung auf Privatpartys an, bei denen sich jemand freundlicherweise bereit erklärt hat, für die Musik zu sorgen. Ohne die schützende Aura des professionellen Disc Jockeys wird der Hobby-DJ zum Freiwild der Gäste. Der Arme kann sich nicht mal hinter einem bösen Blick verstecken, sondern versucht es wenigstens notdürftig hinter seinem Laptop. Dort sammelt sich eine

Traube Menschen mit langen Hälsen um den Bildschirm, blasen dem DJ Rauch ins Gesicht, hinterlassen Fettfinger auf dem Bildschirm, stellen Bierflaschen auf seinem Computer ab und geben neunmalkluge Ratschläge, was für ein Song sie »an seiner Stelle« jetzt spielen würden. Ein tanzmüder Mittvierziger wird den ganzen Abend mit einem Glas Rotwein neben dem DJ stehen und Dinge sagen wie »U2 auf die Stones? Bist du waaaahnsinnig?«, so als habe der Freizeit-DJ Kokain auf Liquid Ecstasy genommen.

Sobald der Freizeit-DJ auch nur kurz zur Toilette geht, rottet sich hinter seinem notdürftigen Pult eine Gruppe kichernder Frauen zusammen und doktert an der Playlist herum. Eine Frau schließt ihren USB-Stick, mit dem sie dem DJ schon den ganzen Abend vor der Nase herumgewedelt hatte, am Rechner an, weil sie jetzt endlich »Weinst Du« von Echt hören will. Dass der Hobby-DJ danach auch ihre Steuererklärung auf dem Computer hat, ist ihr egal. Der Gastgeber wird ab dem dritten Lied nervös, weil noch keiner tanzt, und sagt völlig unkonkrete Dinge wie »Das muss jetzt irgendwie schneller werden«, so als wäre der DJ allein daran schuld, wenn keiner tanzt. Fast macht sich Erleichterung breit, als sich ein Glas Rotwein über die Tastatur ergießt.

»Ist doch auch viel schöner, mal was Selbstgestricktes zu verschenken.«
Wenn Leute ihre langweiligen Hobbys zum Trend verklären

Viel zu oft wird über das sogenannte Sommerloch in den Medien die Nase gerümpft. Gemeint ist die große Themenarmut während der Sommermonate, in denen alle im Urlaub sind und alle Entscheidungen brachliegen. »Sommerloch« wird von spitzfindigen Foren-Usern und Online-Kommentatoren auch immer wieder gern krakeelt, wenn sie einen Artikel lesen, der sie zufällig nicht interessiert. Im Windschatten des jährlichen Sommerlochs hat sich allerdings auch das kalte Pendant zu einem wirklichen Störfaktor entwickelt: das Winterloch.

Modisch immer etwas langweiliger als der Sommer, postulieren Frauenzeitschriften für die kalte Jahreszeit Jahr für Jahr aus Mangel an Themen: Stricken als Jahrestrend. Sofort wird so getan, als würden in den Nischen der trendsetzenden Stadtviertel die echt hippen Leute alle nur noch selbstgestrickte Schals und selbstgehäkelte Wollmützen tragen. Und, echter Wahnsinn: Die hippen Girls rauchen nicht mehr in den Cafés und trinken Soja-Latte, nee, die stricken da! Sitzen selbstgenügsam unter einem Haufen Wolle und produzieren etwas mit ihren eigenen Händen, was dann auch noch supersüß aussieht!

Selbstverständlich gibt es Gründe für den jedes Jahr neu ausgerufenen angeblichen Stricktrend, nämlich in Form von Strickmädchen: Das sind unheimlich niedliche, immer etwas zerbrechlich wirkende mädchenhafte Frauen, die in winzigen Cafés arbeiten und aus deren riesigen, darmlangen Wollschalwindungen ein süßer, romantischer Kopf schaut. Dennoch erinnert der von Frauenzeitschriften erfundene Trend immer an Berliner Lokalteile oder Stadtmagazine, die aus Themenarmut wieder mal behaupten, Wedding sei der neue Trendbezirk.

Besonders labile Frauen steigen tatsächlich auf den vermeintlichen Trend ein und beginnen, lange, unförmige Würste zu häkeln, wo immer sie sich aufhalten. Manche gehen sogar so weit zu behaupten, sie hätten mit dem Rauchen aufgehört, weil sie jetzt stricken würden. Mit den passenden Strickmustern warten die Zeitschriften natürlich auch noch auf. Denn: Es ist doch auch viel schöner, Dinge zu verschenken, die selbstgemacht sind. Das stimmt in Wirklichkeit nur unter einer Bedingung: Es ist dann schöner, wenn die selbst hergestellten Dinge auch wirklich schöner sind als die gekauften.

Strickende Frauen können nerven. Und das gilt besonders für strickende Frauen mit dem Sendungsbewusstsein eines vermeintlichen Trendsetters. Warum muss Stricken eine Tätigkeit sein, die in der Öffentlichkeit ausgeübt wird? Man klebt doch auch nicht Briefmarken ins Album, während man sich im Café trifft, nur weil es ein Hobby ist. Die Quittung: Ehe man sich versieht, hat man schon wieder einen neuen kratzigen Schal. Und muss auf einen neuen Frauentrend warten, der gerne das »Frühlingsloch« füllt: »Frühjahrsputz! Befreien Sie sich von Ballast! Trennen Sie sich von Dingen, die Ihnen bloß Platz wegnehmen!«

»Nee, sorry, da ist besetzt, da kommen gleich noch Leute.«

Vielleicht sollten die Leute einfach mal früher als eine halbe Minute vor Anpfiff kommen?

Die Situation ist hinlänglich bekannt: Freudestrahlend erreicht man die leere Bierbankreihe und ist im Begriff, sich mit seinem Bierbecher und seiner Wurst vor die Public-Viewing-Leinwand zu pflanzen, als eine fremde Hand einen am Ärmel zieht. Man schaut in ein teils bedauerndes, teils säuerliches Gesicht, das auf einige ausgebreitete Jacken, Taschen und Zeitschriften auf der Bank zeigt und sagt: »Hier ist leider alles besetzt, da kommen gleich noch Leute.« Genervt zieht man sich zurück. Um eine Minute vor Anpfiff die lässig hereinschlendernde Gruppe zu verfluchen, die entspannt und ausgeruht ihre Premiumplätze einnimmt, während man selbst kleckernd und sabbernd versucht, stehend Wurst und Bier gleichzeitig zu manövrieren.

Die Person, die die Plätze tapfer freigehalten hat, darf natürlich nicht Zielscheibe der Aggressionen werden. Sie hat schließlich eindeutig die nervenaufreibendste Rolle in der ganzen Geschichte. Nur weil sie eine pünktliche, verlässliche Person ist, die es für gute Plätze in Kauf nehmen würde, einige Stunden vor Anpfiff bereits im Biergarten zu sein, gibt es immer wieder Bekannte, die diese Tugend ausnutzen, sie anrufen und sagen: »Ich schaff's doch nicht bis um zwei, halt uns doch bitte die Plätze frei.« Während die arme Person nun in sengender Hitze all ihre mitgeführten Gegenstände notdürftig auf der Bank ausbreitet, umkreisen eine Stunde später die ersten Geier ihre Bank und wollen sich dazusetzen. Leute werden sauer, weil die vermeintlich dreiste Person alle Plätze okkupiert, und tun so, als täte sie das zu ihrer puren Belustigung und nicht, weil einige empathielose Bekannte sie dazu verdonnert haben. Diese wissen nicht, wie demütigend und anstrengend es ist, zehn Plätze gegen eine Masse betrunkener Fußballfans zu verteidigen, denn sie sind bisher ja noch nie in diese Verlegenheit geraten.

Meist kommen die Auftraggeber erst kurz vor oder nach Anpfiff. Nicht selten fangen sie jetzt auch noch an, über die Platzauswahl zu nölen. (»Weiter vorne ging's nicht?«, »Hier blendet die Sonne aber ganz schön«, »Beatrice und Jörn kommen jetzt übrigens doch noch, wird dann schon bisschen eng.«)

Der Konflikt zwischen Platzfreihaltern und Platzsuchern wird um eine übergriffige und unangenehme Randgruppe erweitert: Leute, die ein »Ist schon besetzt« nicht akzeptieren wollen und sich trotzdem einfach setzen. Macht der Platzfreihalter die Eindringlinge zum dritten Mal darauf aufmerksam, dass die super Plätze seltsamerweise nicht kurz vor Spielbeginn zufällig noch frei sind, sondern es sich um besetzte Plätze handelt, reagieren sie gereizt. Erst nuscheln sie, dass sie die Plätze räumen werden, sobald die rechtmäßigen Inhaber einträfen. Das passiert dann natürlich nie, und die Schnorrer bleiben einfach sitzen. Sie lassen sich von den Neuankömmlingen zwar bis an den Rand drängeln, verteidigen ihren letzten Rest Bank aber mit Beharrlichkeit.

Eine nackte, verschwitzte Person bückt sich zu ihrem Spind und legt den Blick auf ihren Anus frei.
In Sammelumkleiden fällt bei vielen Menschen jede Scham

Man hat sich eine Stunde auf dem Crosstrainer gequält. Vor einem auf dem Rad eine adipöse Frau, deren Po den ganzen Sattel gefressen hat. Neben einem eine sportbesessene Magersüchtige mit Tanktop und stechendem Geruch. Daneben das Abbild der eigenen Schwiegermutter, die sich über einen großen Ball rollt. Und über allem die Gewissheit: All diese Leute treffe ich gleich noch mal nackt in der Umkleide.

Eine Sammelumkleide ist ein Ort, an dem man sich eigentlich nicht länger als nötig aufhalten möchte. Es ist voll, immer liegen Haarbüschel auf dem Boden, die sich in den eigenen Zehen verfangen, es riecht nach getragener Sportkleidung. Die Spinds haben keinerlei Diskretionsabstand, sondern liegen dicht an dicht. Und immer geschieht es, dass man verschämt eine Nackte aus dem Weg schaffen muss, bevor man an seine eigenen Sachen kommt. Denn Nackte gibt es zuhauf: Viele Menschen nämlich besitzen die unerhörte Gabe, jede noch so schäbige Fitnessclub-Umkleide für einen Luxus-Wellnessbereich zu halten, in dem sie sich ausgiebig pflegen, waschen und cremen, bevor sie den Heimweg antreten.

Natürlich gibt es einiges daran zu monieren, wenn man direkt nach dem »Zumba«- oder »Body Battle«-Kurs durchgeschwitzt und außer Atem nur schnell in der Umkleide die Schuhe wechselt, eine Jacke überwirft und geht, um sich dann zu Hause um die Körperpflege zu kümmern. Jedoch muss man Menschen verstehen, die sich bereits in öffentlichen Verkehrsmitteln ob der unnatürlichen Nähe zu Fremden bedrängt fühlen und die daher fast fluchtartig die Umkleiden verlassen. Denn was hier passiert, ist kein Ausziehen-Abduschen-Anziehen-Gehen, sondern ein Nudisten-Festival.

Wie Nacktheit in Umkleiden zelebriert wird, ist bemerkenswert: Die langwierige Ganzkörper-Nassrasur wird allen hygienischen Standards zum Trotz in der Sammelbrause getätigt, der Körper wird von oben bis unten mit einem Massagehandschuh abgerubbelt und eingeölt, obwohl direkt dahinter jemand steht, der gerne an seinen Spind möchte. Überhaupt scheinen alle Nackten sich hier unglaublich in ihrem Element zu fühlen.

Das hat allerdings auch Vorteile: Wer bisher bei seinen sexuellen Bekanntschaften noch nie das Glück hatte, sich ein Intimpiercing von Nahem ansehen zu können, für den reicht meist ein Besuch in der Umkleidekabine des örtlichen Fitness-Studios. Wer sich bei der eigenen Schamhaarfrisur unsicher ist, kann sich ein detailliertes Mehrheits-Trendbild machen. Wer lange nicht mehr kopuliert hat, kann sich hier den nötigen nackten Körperkontakt abholen. Doch die Schattenseiten sind nicht weit: Nicht selten tauchen die Nudisten tief in ihren Spind ab und strecken dem sitzenden Spind-Nachbarn ihre Rosette entgegen. Das dann hoffentlich wenigstens nach der ausgiebigen Dusche.

Der euphorisierte Tänzer zerrt seine Begleitung gewaltsam in Richtung Tanzfläche ...
Wenn Menschen nicht kapieren, dass nicht jeder tanzen will

Auf der Tanzfläche legen viele Menschen gegenüber Andersdenkenden ein außerordentlich brachiales Verhalten an den Tag. Niemand würde je auf die Idee kommen, einen anderen Menschen zu fixieren, um ihm dann mit Gewalt Alkohol einzuflößen, nur weil er sich für einen alkoholfreien Abend entschieden hat. Anders beim Thema Tanzen: Menschen, die gerne und viel tanzen, scheuen im Angesicht des Dancefloors nicht davor zurück, einen Tanzverweigerer ruppig am Arm zu packen, den sich Sträubenden aus dem Schutz seines Sessels zu ziehen und auf die Tanzfläche zu zerren. Dort soll er nun gefälligst Spaß haben! Sie haben ihn schließlich auch. Wo ist das Problem?

Dort steht er dann, der Arme, und weiß nicht, was er tun soll. Sofort türmen und sich als gedemütigte Spaßbremse zurück auf seinen Platz trollen? Ein paar verlegene Schritt-Schritt-Tepp-Kombinationen mit schiefem Lächeln absolvieren? Die Rechnung der Tanzdrängler kann natürlich nicht aufgehen. Denn was viele Menschen nicht verstanden haben: Tanzen hat nicht immer etwas mit »sich trauen« zu tun. Die Vorstellung, der zu seinem Glück Gezwungene würde nun, da man ihn ins kalte Wasser geschubst hat, alle Hemmungen von

Bord werfen, sich wie Shakira bewegen und sofort beim DJ um den nächsten Knaller betteln, ist verstörend naiv. Selbst wenn die Tanzverweigerung mit Scham zu tun hätte: Diese Verlegenheit hätte sich spätestens beim gewaltsamen Tanzflächenübergriff zu einer handfesten Panik zementiert.

Die Tanzdrängler sind natürlich fein raus: Sie sind die lockeren, selbstlosen Partytiere, denen daran gelegen ist, dass alle Spaß haben, und die auch den letzten Partymuffel integrieren wollen. Dabei mischt sich in die Übergriffe auch ein perfides egoistisches Interesse: Die Partytiere wollen sich am nächsten Tag nicht alleine zum Affen gemacht haben. Unter dem Deckmantel der Nächstenliebe wird der eigene Peinlichkeitsfaktor minimiert. Denn wer möchte schon gerne am nächsten Tag von der tanzmüden besten Freundin am Telefon hören: »Mensch, hihi, das sah ja vielleicht aus, wie du da gestern mit den Armen gerudert hast!«, während sie den ganzen Abend attraktiv, kerzengerade und gesittet an einem Drink genuckelt hat. Nicht zu vergessen die demontierenden Partybilder, auf denen die Freundin wunderschön und mit mattem Teint Gespräche führt, während man selbst im Hintergrund verschwitzt zu Metallica hottet.

Natürlich ist es gelegentlich ärgerlich, wenn man mit der Freundin eine Diskonacht plant, diese dann aber den ganzen Abend auf einem Barhocker klebt, während man das Sitzen doch auch zu Hause hätte erleben können. Trotzdem: Tanzen muss eine freie Entscheidung bleiben. Die Nichttänzer sind immerhin schon gestraft genug, wenn die Freundinnen-Clique bei jedem ihnen auch nur halbwegs geläufigen Lied schrill aufkreischt, ihre Jacken, Taschen und Bierflaschen auf der Tanzverweigerin ablädt und gen Tanzfläche hetzt, während die eine tumb in der Ecke stehen bleibt, mit vier riesigen Handtaschen und unter einem Haufen Jacken.

Tanzfanatikern fehlt der Glaube daran, dass es auch andere Formen des Sich-Amüsierens gibt, die sich außerdem noch schwer unter einem Haufen Jacken durchführen lassen. Nicht tanzen wollen wird viel zu oft damit gleichgesetzt, keinen Spaß haben zu können. Dabei ist der Tanz nicht die einzige Möglichkeit zur Äußerung von Spaß und Lebensfreude.

Ein weiterer Grund für viele Menschen, nicht tanzen zu wollen, ist ebenso nachvollziehbar wie großes Schamgefühl: Sie können es nicht. Sie haben Koordinationsschwierigkeiten, kein Rhythmusgefühl und für ihren Hochzeitswalzer ein halbes Jahr Tanzunterricht benötigt. Warum also sollten sie mühsam auf der Tanzfläche schunkeln, nur weil die Begleitung es möchte?

»Pardon, dürften wir mal, Nummer 24 und 25 sind unsere ...«
Wie man sich in Theater, Kino und Konzert am besten unbeliebt macht

Spätestens mit den Filmvorschauen beginnt für viele Kinogänger das Event; aber eben nicht für alle. Deshalb passiert in jener Sekunde der Stille, die zwischen zwei Spots liegt, stets Folgendes: Irgendein Laberer hat nicht mit der Pause gerechnet, ein halber Satz wird in die Stille hineingebrüllt, bis er das Missgeschick bemerkt und kichernd abbricht. Was wiederum diejenigen zum Brodeln bringt, die traditionell schon keinen Mucks mehr von sich gegeben haben, seit die nicht animierten Werbespots lokaler Cocktailbars eingeblendet wurden.

Aggressionen schüren auch jene, die glauben, vor einem großen Publikum ihre Belustigung offensiv zeigen zu müssen. Wie oft sitzt man abends allein mit einer Tüte Chips vor der

Glotze und lacht sich lauthals schlapp? Eben. Nie. Und das sogar, wenn es lustig ist! Im Kino aber haben viele Leute das Gefühl, allen Anwesenden signalisieren zu müssen, dass sie einen Witz verstanden haben. Das sind womöglich auch die Leute, die am Ende eines Films klatschen, wenn er ihnen gefallen hat; und das nicht etwa auf Festivals, bei denen der Regisseur oder andere Beteiligte des Films anwesend sein könnten und der Applaus daher Sinn ergeben könnte.

In der Oper wiederum irritieren jene Leute, die sich offenbar einen ganzen Akt lang überlegen, wann sie ihrem Reizhusten am besten freien Lauf lassen sollten; warum das dann genau in der Gesangs- und Orchesterpause bei Totenstille passiert, bleibt rätselhaft.

An Leuten, die sich Sekunden vor Vorstellungsbeginn mit riesigen Mänteln und Rucksäcken, den bereits Sitzenden ihr Gesäß zugewandt, in die Mitte der Reihe zu ihren Sitzen drängeln, kann man sich mit einem dezent in den Weg gestellten Bein rächen; das traut man sich leider nicht bei Leuten über 1,85, die auf Konzerten vor einem stehen und ihre feuerzeugschwingende Freundin auf den Schultern balancieren.

»Hepphepp, du schaffst es!«
Über die Belästigung von Joggern

Joggen ist eine der anstrengendsten und quälendsten Sportarten überhaupt. Das sieht man den meisten Joggern auch deutlich an. Jedem, der sich dazu aufrafft, mehrere Kilometer durch den Wald zu rennen, muss man daher mit größtem Respekt begegnen. Leider wird diese Regel oft grob missachtet.

Folgende Situation: Der Jogger hat seine acht Kilometer fast geschafft, er sieht zum Fürchten aus, sein Atem geht schnell, sein Kopf hat die Farbe einer Aubergine, Blut pulsiert in seinen Schläfen. Er muss nur noch diese eine Gruppe korpulenter, mittelalter, langsamer Spaziergänger passieren, dann hat er es so gut wie geschafft. Er rennt vorbei. In diesem Moment löst sich eine Stimme aus der rüstigen Menschentraube. Im Takt der Schritte des Joggers grölt ein Mann »Hepp, hepp, hepp!« und erntet begeisterte Jauchzer von seinen Gefährten. Wenn er noch mehr Lacher braucht, onkelt er noch ein »Zieh! Zieh!« oder »Schneller!« hinterher. Klar, dass es sich bei den Grölern immer um die dicksten und unsportlichsten Zeitgenossen handelt. Der Jogger sucht einen Moment nach einer adäquaten Reaktion, hat Lust, den Mann an den Kordeln seiner ockerfarbenen Multifunktionsweste zu erhängen, gibt dann aber einfach nur genervt Gas und hofft, möglichst schnell aus dem Blickfeld der sich vor Lachen ausschüttenden Gruppe zu geraten.

Diese Störung ist ein veritabler Affront, eine wirklich perfide Art und Weise, seine Mitmenschen zu stören; sie verfolgt einzig und allein das Ziel, um eines billigen Lachers willen einen absolut wehrlosen Menschen zu ärgern. Das Bedürfnis, ausgerechnet Jogger ärgern zu wollen, ist allerdings nachvollziehbar: Jeder Jogger hält dem Nichtjogger seine eigene Unsportlichkeit vor Augen. Er ist eine rennende Anklage.

Sicherlich nervt eine durchtrainierte, fröhliche Joggerin, die mit peitschendem, weizenblondem Zopf athletisch an einem vorbeihüpft, während man selbst sich gerade eine Tüte Maronen to go gekauft hat und nur spazieren geht, damit man heute überhaupt mal das Haus verlassen hat. Dennoch sollte dem Störenfried klar sein, dass über laute »Du schaffst es!«-Rufe nur die anderen Unsportlichen lachen und das wirklich nicht komisch ist. Außer der Jogger hat eine Grubenleuchte auf dem Kopf, zwei Wasserflaschen an den Flanken befestigt und hat gerade eine kleine Laufetappe absolviert, bei der er die spinnendünnen Beine in hautengen Laufhosen abwechselnd bis zum Kinn gezogen hat. Dann wäre es vielleicht ein bisschen lustig – aber auch unnötig: Er würde es eh nicht hören, weil er zu laut den Rocky-Soundtrack auf den Ohren hat.

Essen und Trinken

»Leute, macht schnell, die haben das Roastbeef nachgefüllt!«
Das Büfett als Schlachtfeld

Büfetts tauchen vor allem bei Firmenveranstaltungen jeglicher Art und natürlich beim unvermeidlichen Brunch auf. Dieser ist eigentlich eine Modeerscheinung der neunziger Jahre des vergangenen Jahrhunderts, hält sich aber hartnäckig.

Die individuelle Qualität der Bestandteile des Büfetts wird in der Regel der ungeheuren Menge an Speisen geopfert. Außerdem, das geben Brunchgegner bei jeder sich bietenden Gelegenheit zum Besten, ist der Brunch für den Koch eine willkommene Gelegenheit, um Reste zu verarbeiten. Man mag da nicht wirklich widersprechen, angesichts der vielen Schüsseln, in denen sich Salate und andere Massen undefinierbarer Provenienz befinden. Für viele gibt es dennoch nichts Schöneres, als den Sonntag von elf bis sechzehn Uhr damit zu verbringen, in einer Menschenschlange zu stehen und die Deckel von rechteckigen Aluminium-Wärmebehältern in einer Hand zu balancieren, um noch etwas verkochtes Bauernfrühstück und ein paar Würstchen herauszufischen.

Bei vielen Menschen führt der Überfluss an Speisen zu einer Panikreaktion des Gehirns (nicht nur bei jenen, die eine Ausrede aufbieten können, etwa in den Nachkriegsjahren, mit fünf Geschwistern oder im Heim aufgewachsen zu sein). Umzingelt von Platten, auf denen sich am Rand gewellte Gouda- und Formschinkenfächer befinden, und Alubehältern, in denen Linsensuppe, Würstchen und verkochtes Rührei schwimmen, und mit einer Schlange Hungriger im Nacken, entsteht plötzlich die Angst, man könnte zu kurz kommen und ein besonders leckeres Gericht verpassen. Womöglich ist die Platte mit dem Roastbeef leer, wenn man nach dem ersten hastig heruntergeschlungenen Teller zurück zur Futterstelle eilt. Dies führt zu einem an jedem Büfett zu beobachtenden Verhalten: Menschen mit Kuchentellern, auf denen sich Antipasti-Elemente, Käse- und Wurstscheiben, Brötchen, Butterstücke, Marmeladenkleckse, Reissalat, Tiramisu und gefüllte Paprika zu einer undefinierbaren Masse vereinen. Beim Weg zurück zum Tisch meinen die Maßlosen die verächtlichen Blicke der anderen zu spüren und grinsen ein bisschen schuldbewusst in den überladenen Teller, von dem gerade eine gefüllte Peperoncini gestürzt ist. »Ich neig ja immer dazu, meinen Teller viel zu voll zu machen«, flötet der Büfettfreund, bevor er die Gabel zielsicher in einen Chicken Wing stößt.

Beim zweiten oder dritten Gang zum Büfett können es die Büfettfans dann nicht lassen, aufgeregt zur Tischrunde zurückzustürmen, um über neueste Entwicklungen in der Kampfzone (»Leute, dallidalli, es gibt wieder Roastbeef!«) zu informieren.

Gerade Büfetts, für die man etwas bezahlen muss, sind eine unkommunikative und unbefriedigende Angelegenheit: Die meisten sind damit beschäftigt, den bezahlten Pauschalpreis von 8,50 Euro (inklusive einem Orangensaft oder einem Glas Sekt) wieder reinzufressen. Bei den meisten brennen angesichts eines Büffets auch die Sicherungen des höflichen Miteinanders durch. Nach mir die Sintflut, denken sich diejenigen, die mit eisernem Blick die letzten vier Lachsröllchen verstohlen mit Hilfe ihrer Finger auf den eigenen Teller hieven und in Kauf nehmen, von den Blicken der hinter ihnen Wartenden getötet zu werden.

Es gibt natürlich auch das andere Extrem: Leute, die heimlich davon träumen, den Löffel herzhaft in den Couscous-

Salat zu tauchen und mindestens vier Chicken Wings auf einer bodenseegroßen Lache Hummus zu platzieren: allein, sie wollen sich bewusst vom Büfettfresser abgrenzen und balancieren hochnäsig ein übersichtliches Stillleben zu ihrem Tisch. Für den Erhalt ihrer Würde nehmen sie sogar einen knurrenden Magen in Kauf.

Und dann gibt es natürlich jene, die sich über das Prinzip Büfett an sich erheben (das sind in der Regel auch die, die stets die Resteverwertungstheorie ins Feld führen), ihren Widerwillen kundtun und angeekelt danebensitzen, während Freunde oder Kollegen mit triefenden Mündern das Fleisch von lauwarmen Spareribs reißen.

Beim privat veranstalteten Brunch fallen jene unangenehm auf, deren Beitrag zum Büfett aus bereits angebrochenen Speisen besteht. »Den hatte ich eh noch übrig«, freut sich der Gast und platziert ungerührt einen halben Nusskuchen oder einen Rest Nudelsalat in der Tupperdose auf dem dafür vorgesehenen Tisch.

»Einen Latte Macchiato mit laktosefreier Milch und wenig Milchschaum, bitte!«
Das Ärgernis Extrawurst

Natürlich müssen Speisekarten nicht in Stein gemeißelt sein. Dem Walnuss-Allergiker ist es durchaus zuzugestehen, vorsichtig nachzufragen und so zu vermeiden, sein Cortison-Spray öffentlich zum Einsatz bringen zu müssen. Aus Kellner- und Kochsicht jedoch werden mitunter unsichtbare Grenzen überschritten und die Geduld arg strapaziert. Nachdem mittlerweile jeder zweite Restaurantbesucher eine Laktose-, Fruktose- oder Weizenintoleranz für sich beansprucht, gerät die

Bestellung zu einem Slalom durch die Speisekarte samt öffentlicher Präsentation des eigenen Leidens. Das Menü wird ausgiebig und von kleinen Seufzern begleitet studiert, um dann mit dem Fazit zu enden: »Also ich würd echt total gern die Tagliatelle nehmen, ich muss mal fragen, ob ich die auch mit Dinkelnudeln kriegen kann.« Um dann auf die recht strikte Reaktion des Kellners (»Haben wir nicht«) mit Empörung zu reagieren (»Die meisten Kellner haben echt ihren Beruf verfehlt«). Man selbst feixt im Stillen, weil man dem Intoleranzler seine Dinkelnudeln natürlich nicht gegönnt hätte.

Es kommt allerdings darauf an, auf welcher Seite man sich befindet. Wer zur festen Überzeugung gelangt ist, durch die Vermeidung von Kohlenhydraten endlich die Musterlösung zur Reduzierung des eigenen Übergewichts gefunden zu haben, der hat wenig Verständnis für seine Restaurantbegleiter, welche die eigene dezente Bitte (»Könnte ich statt der Butterspätzle Gemüse haben, aber bitte keine Kartoffeln, Süßkartoffeln oder Hokkaido-Kürbis«) mit Augenrollen oder vernehmbarem Luftholen kommentieren. Das Restaurantpersonal teilt in der Regel die Meinung der Begleiter. Wer Pech hat, bekommt auf Bitten wie »Ich hätte gern die Pasta mit Feigen und Mohn, aber mit wenig Nudeln und dafür mehr Sauce« oder »Ich nehm die 53, aber ohne Reis, bitte« eine rotzige Antwort (»Machen wir aus Prinzip nicht«), wer Glück hat, dessen Bitte wird vom Küchenpersonal ignoriert. Das nicht gewollte Reistürmchen beziehungsweise die stattliche Nudelportion wird dann nach kleinem Ärger (»Ich glaub nicht, dass das jetzt weniger Nudeln sind«) dennoch komplett verspeist.

Trotz des rauen Windes, der ihnen entgegenweht, können es die Intoleranzgeplagten einfach nicht lassen. Auf das Phänomen ließe sich der Fachterminus des »sekundären Krankheitsgewinns« anwenden – wenn ich schon auf Sahnegeschnetzeltes verzichten muss, dann soll das gefälligst auch jeder mitkriegen. Deshalb werden Zuhörer auch mit faden Urlaubsgeschichten belästigt, die mit der Problematik des eigenen Essverhaltens angereichert sind: »In Laos konnten die das echt nicht fassen, dass jemand ein Gericht auch mal ohne Reis haben will.«

Jenseits von Diätplänen und Unverträglichkeiten gibt es noch jene, welche die eigene Individualität durch bizarre Extrawürste zur Schau tragen. Etwa Leute, die nur bestimmte Biersorten trinken, weil alle anderen Kopfschmerzen auslösen würden (»Ich trinke prinzipiell nur Bier aus grünen Flaschen«). Oder solche, die mit Bestellungen wie »Ich hätte gern einen Latte Macchiato mit doppeltem Espresso und nicht so viel Milchschaum, bitte« unangenehm auffallen. Die Begleitung mümmelt an einer schnöden Tasse Kaffee und kann sich eines Gedankens nicht erwehren: Dann bestell doch einfach einen Cappuccino, verdammt!

»Ach, und wär super, wenn ihr je drei Flaschen Weißen und Roten mitbringen könntet.«
Einladungen, die eigentlich gar keine sind

Essenseinladungen sind eine herrliche Sache. Ohne selbst einen Finger krumm zu machen, kommt man in den Genuss eines mehrgängigen Menüs und im Idealfall guter Unterhaltung. Selbstverständlich erkundigt sich der höfliche Gast, was er denn beisteuern könne, und bringt auch im Falle der albernen Ansage »Nichts, außer guter Laune«, oder schlimmer: »Nur dich selbst«, mindestens eine Flasche Wein, eine Blume oder Pralinen mit.

Immer wieder verstehen Leute das Prinzip einer Einladung allerdings falsch. Auf die Frage nach einem geeigneten Mitbringsel folgt dann: »Gut, dass du fragst. Vielleicht könntest du je drei Flaschen weiß und rot mitbringen. Wenn du magst, noch was für später.« Während man also einen hohen zweistelligen Betrag in Spirituosen investiert, stellt der Gastgeber später einen Topf Chili con Carne auf den Tisch (»Ein super Gericht, wenn mal mehr Gäste kommen«). Grummelnd ist man den Abend über damit beschäftigt, Gallonen des mitgebrachten Weins zu konsumieren. Denn natürlich würde man mit großem Widerwillen zusehen, wie der nicht getrunkene 2006er Cabernet Sauvignon von der Loire in den Bestand des Gastgebers wandert, der womöglich sein nächstes Chili damit ablöscht.

Immer wieder wird man allerdings auch Zeuge folgender Situation: Der Abend neigt sich dem Ende zu, die Gäste verabschieden sich, und jemand aus der Runde ruft beiläufig »Ah, der ist ja noch zu, den würd ich dann einfach wieder mitnehmen« – und schon wandern mitgebrachte Weinflaschen zurück in den Rucksack. Oder der Gastgeber räumt gerade den Tisch ab und will die halb geleerte, von einem Gast mitgebrachte Flasche Bourbon mit in die Küche nehmen, da ertönt der spitze Schrei des Gastes, der die angebrochene Flasche flink in seiner Tasche verstaut.

Ähnlich handhaben manche Gäste das auch mit mitgebrachten Lebensmitteln. »Das schafft ihr zu zweit ja eh nicht, oder?!«, wird gemutmaßt, während die mitgebrachten Oliven oder Käsekanten wieder eingepackt werden.

Wem das zu blöd ist, dem bleibt nichts anderes übrig, als versteinert zuzusehen, wie die »für später« gedachte Flasche Marillenbrand aus der Steiermark, auf die man sich schon den ganzen Abend gefreut hatte, unangetastet in den Haushalt des Gastgebers einzieht, weil jemand anderes Jägermeister dabeihatte.

Verstohlen gleitet die Hand in die Bäckertüte und lässt ein Stück Laugenbrezel in der hohlen Hand verschwinden.
Wer bei der Nahrungsaufnahme keine Aggressionen auf sich ziehen will, sollte zu Hause essen

Feierabend in der U-Bahn. Eine Frau greift in ihre Handtasche, es knistert. Mit der Hand in der Bäckertüte bricht sie verhuscht ein Stück Laugenbrezel ab, lässt es in der hohlen Hand verschwinden und schiebt es sich verstohlen in den Mund. Sie wiederholt diesen Vorgang gefühlte fünfzig Mal. Wenn man sie direkt anschaut, hört sie kurz ertappt mit dem Kauen auf.

Der Widerwille gegen in der Öffentlichkeit essende Menschen wird durch die dem Ort nicht angemessene Ursprünglichkeit des Vorgangs ausgelöst: Das (kauende) Aggressionsobjekt sichert sich durch Nahrungsaufnahme seine Existenz. Es geht weniger um Schmatzen im Restaurant oder darum, jedes noch so kleine Stückchen Fleisch noch einmal in der Mitte durchzuteilen und mindestens zehn Mal durch Saucenreste zu schleifen. Es geht um das Essen an Orten, die eigentlich nicht zum Essen da sind: U-Bahn, Kino, Warteschlange. Der Mensch muss genau dort essen und kann nicht warten, bis er zu Hause oder in einem Restaurant ist, und das bedeutet: Ich erhalte mich und meine Art am Leben. Oder plumper: Ich hab Kohldampf, wenn ich jetzt nichts zwischen die Kiemen kriege, kann ich für nichts mehr garantieren. So viel Bedürftigkeit ist besonders für Misanthropen schwer zu ertragen.

Die Frau mit der Laugenbrezel macht es durch ihre verstohlene Esstechnik fast noch schlimmer: Offenbar ist sie sich des unpassenden Ortes für ihre Mahlzeit durchaus bewusst. Und kann es doch nicht lassen.

Die ins andere Extrem ausschlagende Verhaltensweise ist ebenso wenig akzeptabel: Menschen, die in der Bahn sitzen, schlabbernd und gierig einen triefenden Döner verschlingen und anschließend mit fettiger Mundpartie entkräftet in ihren Sitz sinken, haben sich vielleicht schon oft gewundert, warum ihr Gegenüber am Ende ihrer Fressorgie nicht mehr dort sitzt, wo er sich anfangs noch befand. Die öffentlichen Esser würdigen das Essen zur puren Energiebeschaffung herab, die an Ort und Stelle erfolgen muss. Wenn es sein muss, sogar noch im Supermarkt, wo an der Kasse dann nur mehr die leergefressene Chipstüte auf das Warenbeförderungsband gelegt wird.

Ein anschauliches Beispiel aufdringlicher Esskultur bieten auch Leute, die kurz nach Beginn der Vorführung mit einer riesigen Plastikschale Nachos mit Käse-Chili-Dip in den Kinosaal stürmen, sich gestresst in den Sitz werfen und laut zu essen beginnen, weil die Nachos kein Snack sind, sondern ihre Hauptmahlzeit, nach der sie bereits den ganzen Tag gegiert haben. Verstohlenes Essen macht es auch hier nicht besser, im Gegenteil: Nichts stimmt im Kino aggressiver als Menschen, die versuchen, sich während leiser Szenen zurückzuhalten, und, sobald eine laute Action-Szene losbricht, geräuschvoll über ihre Popcorn-Tonne herfallen. Das Kauen in Zeitlupe hilft auch nicht. Nichts ist lauter als Leute, die versuchen, leise zu essen. Langsames Kauen verlängert das Elend nur.

»Wird man davon satt?«

**Was sollte der Kellner darauf antworten? »Nein«
vielleicht?**

Der Kellner kommt, um die Bestellung aufzunehmen, und muss sich fragen, was er von dieser Erkundigung des Gastes zu halten hat: »Der Kaninchensalat, wird man von dem denn überhaupt satt?« In Einzelfällen mag eine solche Frage gerechtfertigt sein (wenn man die Portionsgröße des bisher unbekannten Restaurants schwer einschätzen kann, weil das Starren auf fremde Teller zu keinem eindeutigen Ergebnis geführt hat), unabhängig davon ist sie falsch gestellt. Denn auf die unpersönliche »man«-Frage müsste der Kellner ja eigentlich korrekterweise antworten: »Kommt drauf an. Mädchen mit Spatzenmagen oder ein magersüchtiges Model, das sonst nur in Orangensaft getränkte Wattepads zu sich nimmt, höchstwahrscheinlich schon. Sie schauen mir aber eher so aus, als könnten Sie schon ordentlich zulangen.«

Eigentlich gemeint ist »Werde *ich* davon satt?« Der so fragende Gast hat Angst vor dem Super-GAU: Einen Haufen Geld auszugeben und dann nicht mal richtig satt zu werden von dem kümmerlichen bisschen Kaninchen. Wenn er Pech hat, gerät er an einen Kellner, der mit starr in die Ferne gerichtetem Blick und saurer Stimme mitteilt, dass er »Sattwerden« in diesem Etablissement nicht unbedingt für ein angemessenes Kriterium bei der Speisenauswahl halten würde.

Ähnlich verhält es sich mit gern gestellten Fragen wie »Können Sie mir das empfehlen?« oder »Das Roastbeef, ist das lecker?«. Was ist die Intention des Fragenden? Er kann nicht ernsthaft davon ausgehen, Antworten wie »Hm, also ehrlich gesagt würd ich lieber das Jägerschnitzel nehmen« zu bekommen. Wer wirklich eine Beratung braucht, der würde eine offene Frage stellen: »Was können Sie mir empfehlen?«

In Wahrheit hätte der Gast einfach unheimlich gern das Roastbeef und erwartet vom Kellner die Bestätigung, mit dieser Wahl eine ganz tolle Entscheidung getroffen zu haben.

Immer wieder trifft man auch beim Einkaufen auf Leute, die Verkäufer mit Hilfe gezielter Fragen in die Verzweiflung treiben, während die Leute in der Schlange hinter ihnen Gewaltphantasien entwickeln.

Gern sind das Leute, die sich damit rühmen, »im Kiez total verwurzelt« zu sein, bei den Einzelhändlern im Viertel wegen ihrer Ankumpeleien jedoch gefürchtet sind. Lokale Händler werden stets mit Vornamen angeredet, ganz jovial wird bestellt: »Du, Antonio, die Finocchiona, die kannst du schon empfehlen, oder?« Oder: »Merhaba Ahmed, gib mir doch noch zwei von deinen tollen Sesamringen.« Der ankumpelnde Kunde will zeigen, was für ein lockerer, weltoffener Typ er ist – immer für einen Scherz mit dem Gemüsehändler mit Migrationshintergrund zu haben!

Andere wiederum missverstehen Orte wie die Wursttheke bei »Kaiser's« oder wollen nicht einsehen, dass es nicht überall so sein kann wie vor zwanzig Jahren an der Wursttheke im badischen Heimatdorf, als man mit dem Metzger tatsächlich nicht nur über die gewünschte Menge Bierschinken sprach. Diese Leute haben einfach Lust, ein bisschen in Kontakt zu treten, und tun das mit einem Strahlen in Richtung des Spargelschinkens und einem herzlichen »Der sieht ja total lecker aus, können Sie den denn empfehlen?«. Meist sind sie beim Aufschnittpersonal aber an der völlig falschen Adresse. Das reagiert entweder hilflos (»Na, is halt mit Spargel außenrum, wenn man das mag …«) oder unwirsch (»Keine Ahnung, meinen Sie, ich probier alles, was hier in der Theke rumliegt?«).

»Noch jemand 'nen Schluck Cola?«
Es gibt nur sehr wenige Menschen, mit denen man
aus einer Flasche trinken möchte

Die Gruppe zusammengewürfelter Umzugshelfer hat stundenlang Waschmaschinen und überladene Bücherkartons geschleppt, alle gieren danach, einen Liter Apfelschorle oder vielleicht ein alkoholfreies Weizen auf ex die trockene Kehle hinunterzuspülen. Und nun passiert Folgendes: Einer der Anwesenden öffnet die 1,5-Liter-Flasche Fanta, stülpt seinen feuchten Mund karpfenähnlich über den Flaschenhals, nimmt einige herzhafte Schlucke, erzeugt dabei ein kleines glucksendes Geräusch, wischt sich mit einem genüsslichen Seufzer den Mund und reicht die Flasche (»noch jemand 'nen Schluck?«) fröhlich weiter. Die Runde teilt sich nun in zwei Gruppen: Leute, die dankbar zugreifen, und jene, die panisch und hilfesuchend den Raum scannen, in der verzweifelten Hoffnung, irgendwo einen Stapel Plastikbecher zu erspähen. Wenn diese Hoffnung unerfüllt bleibt, hauchen sie wehmütig ein »Ach danke, ich hab irgendwie gar keinen Durst« und hängen sich im Badezimmer heimlich unter den Wasserhahn. Oder aber sie greifen nach der Flasche, wischen verstohlen mit dem Ärmel ihres Pullovers über den Flaschenhals und trinken – Augen zu und durch. Dabei versuchen sie das Bild zu verdrängen, wie ihr Vorgänger sich mit dem Mund am Flaschenhals festgesaugt hatte und durch das entstandene Vakuum ein kleines bisschen Flüssigkeit aus seinem Mund in die Flasche zurückgelaufen war.

Außerhalb der eigenen Wohnung eine jungfräuliche Flasche zu verseuchen ist nicht schön. Ebenso unerfreulich ist die Eigenart mancher Leute, in ihrer eigenen Wohnung überall halbvolle Flaschen herumstehen zu lassen, aus denen Gästen dann angeboten wird. Woher soll man wissen, ob sich an der Öffnung der Flasche schalen Mineralwassers nicht vielleicht doch bereits der Mund des Gastgebers festgesaugt hatte?

»Euch stört's doch nicht, wenn wir uns dazusetzen?!«
Warum im Restaurant noch einen Tisch reservieren, wenn man sich doch einfach bei Fremden dazusetzen kann?

Ein gelungener Restaurantbesuch sieht in der Vorstellung vielleicht so aus: Ein abgelegener Zweiertisch (aber nicht der vor dem Klo) ist mit karierter Tischdecke und schweren Steinguttellern eingedeckt. Von unaufdringlichen, aber aufmerksamen Kellnern werden im genau richtigen Abstand die Speisen gereicht, sie passen immer auf, dass das Weinglas voll ist, ohne dabei den angeregten Gesprächsfluss des verliebten Paares zu stören. Kein Petersilienblatt verdunkelt den Schneidezahn, kein Bissen gerät versehentlich zu heiß in den Mund und muss dort – begleitet von hässlichen, fächernden Atemgeräuschen – zum Abkühlen in der Mundhöhle jongliert werden. Und vor allem das: Es ertönt nicht dieses Stuhlrücken, dieser sich vorbeidrängelnde Po und diese gutgelaunte, aber entschiedene Stimme, die »Euch stört's doch nicht, wenn wir uns dazusetzen, oder?« sagt, bevor die zwei fremden Personen bereits am Tisch Platz genommen haben und dich fragen, ob du ihnen mal die Karte reichen kannst.

Ungebetene Gesellschaft von Fremden ist ein ärgerlicher Normalfall im Restaurant. Und ein tierischer Aufreger bei vielen Leuten. Denn der Restaurantbesuch, besonders der zu zweit, ist eine empfindliche Angelegenheit, die von zwei Unbeteiligten sofort zerstört werden kann. Im schlimmsten Fall ist sofort die Stimmung dahin. Allerdings nur die eigene, das neue Pärchen nämlich amüsiert sich prächtig und führt sofort ein angeregtes Gespräch: Super, dass man hier so ganz ohne Reservierung noch einen Platz bekommen hat!

Die eigene Konversation ist empfindlich gedrosselt. Denn eigentlich kann kein tiefergehendes Zweiergespräch auf die gleiche Weise weitergeführt werden, wenn es plötzlich unerwünschte Zeugen gibt. Kein Liebesgeplänkel, kein Trennungsgespräch, kein Gespräch mehr darüber, warum die gemeinsame Freundin das Kind abgetrieben hat, ohne dass plötzlich der Kopf des neuen Tischpartners herüberschnellt, auf deinen Teller glotzt und sagt: »Sorry, sind das die Bärlauch-Gnocchi? Sehen ja echt super aus!«

Am Ende verstummt das Gespräch. Düster mümmelt das ursprünglich mal allein sitzende Paar sein Essen in sich hinein. »Gefräßige Stille«, onkelt der neue Tischpartner und prostet zu.

»Isst du das noch?«
Die Angst vor der Gabel des Nebenmanns

Eine wahre Begebenheit: Zwei Freundinnen fahren im Auto von München nach Berlin. Auf Drängen der einen halten sie bei McDonald's, was bei der anderen Augenrollen verursacht. Sie lässt ihre Begleitung mit dem klaren Hinweis, selbst überhaupt keinen Hunger zu haben, kurz raus. Um nicht allzu gierig und noch ungezügelter zu wirken, holt sich der McDonald's-Fan lediglich einen Cheeseburger, obwohl sie lieber ein Maxi-McRib-Menü genommen hätte. Sie steigt kleinlaut zurück in den Wagen, wickelt den winzigen Burger aus dem Papier und mümmelt leise vor sich hin, um die andere nicht noch wütender zu machen. Plötzlich deren versöhnliches Grinsen und ihre ausgestreckte Hand: »Komm, jetzt lass mich aber wenigstens mal beißen.« Mit unterdrückter Empörung wird der Burger rübergereicht. Die Freude am Cheeseburger ist nun vorbei. Wird die Hand noch mal kommen? Und wenn ja, wann? Beim letzten Biss? Wie viel Cheeseburger bleibt einem selbst? Und warum zum Teufel hat sie jetzt doch Hunger?

Genau diese Fragen stellen sich auch, wenn im Restaurant plötzlich die Gabel des Nebenmanns in Richtung des eigenen Tellers schnellt. Der Restaurantbesuch, der viel Geld kostet und der Entspannung und Freude dienen soll, wird zum Spießrutenlauf. Man hat das Gefühl, sein Essen nicht mehr im Griff zu haben. Wird noch mal die Gabel kommen und genau das Stück herauspicken, das man sich selbst an den Rand geschoben hat, um es ganz zum Schluss zu essen? Es schafft kein bisschen Linderung, dass der Picker einem großzügig auch seinen Teller hinschiebt, damit man retour probieren kann, denn hätte man auf sein Gericht Appetit gehabt, hätte man es schließlich bestellt. Man will sein eigenes Essen, und zwar vollständig. Das ist jedermanns gutes Recht. Daher muss der Picker sich zusammenreißen und darf nicht, sobald der andere mal kurz sein Besteck ablegt, um den Hosenknopf zu öffnen, das letzte Stück von seinem Teller grabschen und dann mit vollen Backen und vermeintlich schuldbewusster Miene »Ich dachte, du isst das nicht mehr!« nuscheln. In Extremfällen kann es so weit gehen, dass sich der Essensverteidiger saure Nierchen bestellt, nur damit er während des Essens seine Ruhe hat.

Besonders ausgefuchste Picker lenken den Restaurantbesuch in die Tapas-Bar. Dort sagen sie zum Kellner: »Stellen Sie uns doch mal ein paar Sachen zusammen und stellen Sie es einfach in die Mitte!« Natürlich ist die Absicht des Pickers schön – denn eigentlich haben alle mehr davon: Mehr Essensauswahl, mehr Interaktion, mehr Geschmackserlebnis, mehr »Reich mir doch mal den Oktopussalat rüber«. Für denjenigen, der sein Essen gern im Griff hat, ist diese Darreichungsform allerdings purer Stress.

Unflexibel, kleinlich, starr? Vielleicht. Dennoch verständlich. Spätestens dann, wenn man hört, wie die Ehefrau zum Ehemann sagt: »Nimm du doch das Steak, dann nehm ich das Sellerieschnitzel, dann können wir zwischendurch tauschen«, obwohl der Partner gar keine Lust auf Teilen hat – und schon gar nicht auf Sellerieschnitzel.

»Mmmh, aber was ich bei der, schluck, Präsentation, mjam, aber schon gern noch, mmh, ergänzen würde …«
Der Prototyp der schlechten Manieren:
Sprechen mit vollem Mund

Spätestens seitdem es Business-Lunchs gibt, ist das Mittagessen zum festen Bestandteil des Arbeitstags avanciert. Daher glauben viele Leute, einen verzwickten Spagat bewerkstelligen zu müssen: Möglichst viel Nahrungsaufnahme bei gleichzeitigem Halten von möglichst viel Redeanteil. Eine Aufgabe, die jeden Menschen mit einem Mindestmaß an ästhetischem Anspruch scheitern lässt und eine Unart zutage fördert, die Mütter aller Generationen bereits ausgemerzt zu haben glaubten: das Kauen mit offenem Mund bei gleichzeitigem Redeschwall.

Eine schon viel zu oft ins Feld geführte offensichtliche Unsitte, sicherlich. Dennoch eine Zumutung für das Gegenüber, die nicht oft genug angeprangert werden kann. Die klassische Kantinenversion: Als das Essen gebracht wird, redet der Kollege. Und fährt ungerührt mit seinen Ausführungen fort, während er hektisch beginnt, mit der Gabel im Essen zu stochern, um möglichst viel Nahrung auf die Gabel zu hieven. Den Gesprächsfluss unterbricht er nun nur noch für den Bruchteil einer Sekunde. Aber nicht etwa, um das Essen zu genießen und dem Koch Respekt zu zollen, sondern um den prallen Bissen begleitet von ungeduldigen »Mmhs« und »Ähhms« (bedeutet: »Keine Sorge, ich spreche gleich weiter«) notdürftig einzuspeicheln und nuschelig weiterzureden, während sein Gegenüber angespannt darauf wartet, wann der erste Spritzer Steinpilzsugo auf seinem Ärmel landet.

Geht es dem manierenlosen Esser trotzdem immer noch alles zu langsam, spült er den Mund in regelmäßigen Abständen mit einigen Schlucken seines Getränks durch, um das Gekaute schneller in die Speiseröhre zu befördern. Oder er wühlt mit der Zunge Speisereste hinter dem letzten Backenzahn hervor, um sie wieder in den Kauvorgang zu integrieren. Die artikulatorische Undeutlichkeit ihrer Monologe versuchen die Sprecher durch rhythmisches Gestikulieren mit der Gabel zu kompensieren.

Auch Menschen mit guten Umgangsformen werden nicht selten gezwungen, ihr Gekautes zu zeigen: Eine wirkliche Unart von Kellnern, den Gast ausgerechnet dann zu fragen, ob das Essen denn auch schmeckt, wenn dieser sich offensichtlich gerade eine volle Gabel Spätzle in den Mund geschoben hat. »Sehr gut«, druckst der Mensch mit Sinn für Essensästhetik mit Knödelstimme und zeigt verschämt Speisebrei. Denn die Alternative ist noch demütigender: Ein stummes, pausbackiges Nicken.

»Drei Hefeweizen und ein heißer Kakao mit Sahne, bitte.«

Wenn frierende Mädchen um drei Uhr nachts noch Heißgetränke bestellen

Meist sind es zum Frösteln neigende Frauen, die um kurz vor drei Uhr morgens mit ihrer besten Freundin in die verrauchte Bar kommen, in heimeliger Vorfreude die kalten Händchen aneinanderreiben, ihre niedliche Pudelmütze abnehmen und strahlend zum Barkeeper sagen: »Brrr, ist das kalt, ich nehm 'nen großen Latte Macchiato.« Dem Barkeeper schwillt der Kamm, und wenn er nicht von Natur aus unfreundlich wäre, würde er es jetzt werden, denn die Kaffeemaschine hat er bereits vor Stunden minutiös gereinigt, abgeschaltet und in ihre Einzelteile zerlegt. Und diese Mühe hat er sich natürlich nicht deswegen gegeben, damit Stunden später eine Frostbeule hereinkommt, eine halbe Stunde mit niedlichem Milchbart kokettiert, um sich dann unter den Samt-Baldachin ihres kuscheligen Bettes einzumummeln und sich zu freuen, wieder nur drei Euro ausgegeben zu haben.

Menschen, die beim Ausgehen auf alkoholische Getränke verzichten, werden oft kritisch beäugt. Ihnen wird eine Neigung zu Spaßbremsentum und Strenge vorgeworfen. Okay, mal eine Cola zwischendurch, wenn man nach vierzehn Wodka-Getränken auf dem Klo einen Ausfallschritt gemacht hat, oder mal einen kräftigen Schluck aus dem Wasserglas, wenn man den Kräuterschnaps mit irgendwas wegspülen will, aber sonst … Nüchterne Menschen halten den Feiernden die eigene Betrunkenheit vor Augen. Gleichzeitig begleitet ein fast mütterlicher Gestus von »Ich kann auch ohne Alkohol Spaß haben« jede nächtliche Guavensaft-Bestellung.

Besonders Heißgetränke schüren die Aggression des Ausgehvolks. Womöglich deswegen, weil das Heißgetränk auch gleichzeitig suggeriert, der Konsument verzichte nicht, sondern gönne sich gerade etwas richtig Gutes für Körper oder Seele. Er wärmt sich mit Tee, er entspannt beim Käffchen und braucht die Sahnehaube einfach als Nervennahrung.

Wenn die Bestellung »Drei Hefeweizen und eine heiße Schokolade mit Sahne« lautet, dann hat sich eine gewisse Heterogenität in die Gruppe geschlichen und der Freund schämt sich in Wirklichkeit mindestens ein bisschen für seine neue Freundin, die die Tasse mit beiden Händen festhält und die Schultern fröstelnd nach oben zieht. Eine Lösung gibt es natürlich nicht, denn gleichzeitig darf sich niemand den Kakaokonsum in der Öffentlichkeit verbieten lassen.

Die genervten Blicke jedoch muss die Frau aushalten, die sich mit der gestressten Kollegin nach einer harten Woche auf einen Absacker trifft und lieber einen Sojamilch-Cappuccino nimmt, während die Kollegin gerade zur Frage ansetzen wollte, ob man nicht gleich eine ganze Flasche Wein anstatt einzelne Gläser bestellen sollte.

Der Trost für die Kakao-Trinkerin: Tatsächlich steckt hinter der Ablehnung, die ihr entgegenweht, natürlich jede Menge versteckter Neid. Denn schließlich ist sie wieder diejenige, die am nächsten Morgen bestens gelaunt und erholt anruft und dem verkaterten Partyhengst ins müde Ohr kreischt: »Was? Du liegst noch im Bett? Draußen ist super Wetter, ich hätte mal wieder richtig Lust auf Flohmarkt!« Dass sie damit die nächste Aggressionswelle auslöst, hätte ihr allerdings klar sein sollen.

»Manchmal hab ich einfach Lust auf ein richtig schönes Steak.«
Die lautesten Vegetarier sind meistens auch die inkonsequentesten

Die angenehmsten Vegetarier sind – und wer hätte das vor einigen Jahren noch gedacht – diejenigen, die mit Trauermiene und angeekeltem Blick auf das Fenchelsalami-Focaccia ihrer Begleitung flüstern, sie könnten einfach nichts essen, was mal ein Gesicht hatte. Das ist konsequent, einfach und Wasser auf die Mühlen der allgegenwärtigen literarischen Fleischverzichtspamphlete. Diese Vegetarier stochern zufrieden im Beilagenmangold, während der Rest der Runde wie Hyänen über Batterien von Schweinerippchen sabbert. Solche Vegetarier versuchen erst gar nicht, die eigenen Geschmacksnerven mit »Seitan Gyros-Art« zu überlisten, sondern halten sich an Linsen und Hülsenfrüchte und tauschen höchstens mal unter der Hand ein Nussbratenrezept aus.

Weitaus anstrengender sind jene Vegetarier, die zu jeder Gelegenheit, spätestens aber vor jeder Essenseinladung, penetrant darauf hinweisen, dass sie Vegetarier sind, und die einem – nachdem man die drei Stunden eingekochte Bolognesesauce zähneknirschend gegen eine Arrabbiata ohne Speck ersetzt hat, am nächsten Morgen munter plaudernd mit einem Mettbrötchen aus der Kantine auf dem Büroflur entgegenhopsen.

Das eigene Vegetariertum wird allzu oft dazu missbraucht, sich selbst einen gesundheitsbewussten Anstrich zu verpassen und um komplizierte Essgewohnheiten zu verschleiern. Denn jeder hat etwas gegen mäkelige Esser, niemand aber kann ernsthaft einen Vegetarier angreifen! So werden vom Pseudovegetarier unliebsame Speisen ganz einfach durch den Verweis auf die vegetarische Ernährungsweise abgewehrt, während der Zwiebel-Unverträgliche sich schweigend den ganzen Abend unter Bauchkrämpfen windet.

Beim sommerlichen Grillen sind es meist auch diese Vegetarier, die einige lieblose Alibi-Gemüsespieße dabeihaben und die dann plötzlich doch mit einem Käsekrainer in der Faust dastehen und posaunen: »Beim Grillen gehört so eine Wurst für mich trotzdem einfach dazu!« Dabei kommen sie sich nicht mal inkonsequent, sondern tolerant vor: »Schaut her, im Dienste der Geselligkeit lass ich auch mal Fünfe gerade sein!«

Eine ähnliche Argumentation muss herhalten, wenn der Vegetarier nach exzessiver Steakorgie doziert, dass er sich so ein »richtig schönes Stück Fleisch« ab und zu einfach mal gönne. Der Pseudo-Vegetarier stilisiert sich so zum bewussten Esser, der den anderen in Sachen Lebensführung und Selbstliebe übertrifft. »Esst ihr nur eure Gammelscheiße, ich passe auf, was ich esse«, schreit seine Haltung. Dabei sieht er nicht, dass andere dafür nicht mal behaupten müssen, Vegetarier zu sein.

Die eigenen vier Wände –
Wohnen, Nachbarn, Umzugskisten

»Klar, die Flügeltür muss raus. Und Holzboden in der Küche geht natürlich gar nicht.«
Die Wohnungsbesichtigung als Brutstätte der Aggression

Vor allem in den begehrten Wohnlagen größerer und kleinerer Städte sind Wohnungsbesichtigungen zu einer Art Mietercasting mutiert. Menschentrauben, bestehend aus vierzig bis fünfzig Personen, schieben sich strumpfsockig durch die Räume. Die bald nicht mehr in dieser Wohnung hausende Familie kauert hilflos am Küchentisch und muss sich von besonders investigativen Interessenten einem Verhör unterziehen lassen (»Sagen Sie mal, hatten Sie die Arbeitsplatte hinten vernünftig abgedichtet oder ist dahinter jetzt mit Schimmel zu rechnen?«).

Besonders schlimm sind Paare, die, dem Grundriss des Maklers misstrauend, jeden Raum in Meterschritten durchschreiten und anschließend bereits mit der Inneneinrichtung beginnen (»sechseinhalb mal fünf, passt, der Ofen kommt raus, Sideboard und die Glasvitrine dann also hier …«). Einer von beiden zückt dann ein Metermaß, legt es kurz an der Wand an und pfeift anerkennend durch die Zähne: »Nicht schlecht, das CD-Regal würde hier tatsächlich noch hinter die Tür passen.«

Die forschen Interessenten tun so, als sei jeglicher Makel der Wohnung die persönliche Schuld des Maklers (»Deckenhöhe 2,90 ist natürlich etwas dürftig«) oder der momentanen Bewohner (»Hm, das Kinderzimmer direkt neben der Eingangstür ist nicht wirklich ideal«). Als ob jemand sie flehentlich gebeten hätte, in diese Wohnung einzuziehen, werden mit großer Selbstverständlichkeit übermütige Ansprüche gestellt.

Man selbst drückt sich schüchtern und passiv in der Nähe des Maklers herum. Dieser wird von hyänenartigen Wohnungsinteressenten bereits wie eine tote Antilope umkreist. Um auch mal was gesagt zu haben, stellt man eine schüchterne Frage zu den Nebenkosten; während man noch darüber nachdenkt, ob man dem Makler den eigenen Labrador eventuell verheimlichen könnte, hat ihm das forsche Paar derweil bereits eine prall gefüllte Selbstauskunftsmappe in die Hand gedrückt, auf dem Cover ein Deckblatt mit fröhlichem Familienfoto, ohne Hund natürlich.

»Brauchst du vielleicht Hausschuhe?«
Nicht, wenn man seine Schuhe einfach anlassen dürfte

Man mag sich nicht entscheiden, wer schlimmer ist: jene Menschen, die ihre Gäste nötigen, strumpfsockig auf dem Fischgrätparkett zu waten, oder jene, die Ersatz und damit vermeintlich eine Entschädigung anbieten – und zwar in Form eines Paars fusseliger Wollsocken, die aus den Untiefen des Kleiderschranks befördert werden und mit denen man sich mehrmals unfreiwillig in die Horizontale begibt, weil man auf dem blankpolierten Fischgrätparkett mit Wollsocken gleitet wie auf Seife (Mitdenkende reichen deshalb Stoppersocken mit Anti-Rutsch-Muster in Erwachsenengrößen an).

Oder aber es handelt sich um Vollprofis, die an der Wand im Flur ein sogenanntes Pantoffelmöbel installiert haben: Das Pantoffelmöbel ist eine Art Fächerregal (manchmal sogar in Form eines riesigen Pantoffels), in welchem sich sogenannte Hauspantoffeln befinden, die eigentlich keine Schuhe sind, sondern ein rundliches zusammengenähtes Stück hauchdünner Stoff, in allen erdenklichen Farben. Man denkt lieber nicht daran, wessen dampfende Füße bereits in die Stoffstücke genötigt wurden, sondern fügt sich widerwillig.

Dass Schuhe nicht einfach nur dazu dienen, Schlamm und Wasser von der Fußhaut abzuhalten, sondern elementarer Bestandteil eines Outfits sind, gerade bei etwas feineren Einladungen – darauf können und wollen manche Gastgeber zugunsten der lediglich geölten Dielen beziehungsweise des Intarsienbodens keine Rücksicht nehmen. Der größte Feind des Liebhabers teurer, aber nicht belastbarer Holzböden ist natürlich der Pfennig-Absatz. Da ist egal, dass der pummelige Gast ihren Minirock begründeterweise mit 12-Zentimeter-Absätzen und nicht mit Schlappen kombinieren wollte.

In bereits getragenes Schuhmaterial genötigt zu werden empfindet man aus verschiedenen Gründen als Zumutung. Es muss zwar nicht gleich so schlimm kommen wie beim damaligen Weltbankpräsidenten Paul Wolfowitz, der 2007 vor einer Moschee seine feingebohnerten Anzugschuhe stehen lassen musste und durch zwei riesige Löcher seine großen Zehen entblößte – dennoch fühlt sich das Schuheausziehen an wie eine Entblößung, gerade bei Leuten, die man nicht sehr gut kennt, man kommt sich vor wie ein Kleinkind – die eigene Souveränität geht flöten.

Der einzig halbwegs zu entschuldigende Grund fürs Schuheausziehenmüssen (abgesehen von schlammigen oder mit Hundekot verschmutzten Schuhen) sind kleine Kinder. Nicht auszudenken, wenn der Dreijährige nur deshalb erstickt, weil er ein von der eigenen Schnürstiefelette gefallenes Lehmbröckchen in die falsche Kehle bekommt. Hardliner werden allerdings auch für diese Angst kein Verständnis haben. Für die Sorge um den Boden eh nicht, sie lassen die Schuhe einfach an. (»Eine Wohnung ist doch kein Museum, da lebt man doch drin.«)

Die Angst vor Schmutz und Löchern im Boden beschert einem gerade in jüngeren Jahren natürlich zuverlässig ein makelloses Spießer-Image. Man muss sich entscheiden, ob man das in Kauf nehmen will, um vor der nächsten Wohnungsabnahme nicht panisch auf dem Boden herumzurobben und verzweifelt zu versuchen, mit einem Radiergummi die Kerben aus den Dielen zu rubbeln.

Wie so oft ist die Kehrseite auch nicht viel besser: Leute, die unmittelbar nach ihrer Ankunft im Flur geschmeidig in die Hocke gehen, blitzschnell ihr Schuhwerk abstreifen und auf den hastig geäußerten Hinweis, Schuhe dürften selbstverständlich angelassen werden, fröhlich »Ach, find ich so eh gemütlicher!« rufen, auf dampfigen Socken wohlig durch die Wohnung watscheln und als Beweis ihres Daheimgefühls ungefragt vom Risotto auf dem Herd probieren. Je weniger gut man mit dem Gast vertraut ist, desto befremdlicher und unangemessener findet man das ungefragte Schuheausziehen. Es stellt eine Intimität her, die unpassend wirkt. Ein bisschen fühlt sich das so an wie die Ernüchterung, wenn man den Chef beim »Casual Friday« zum ersten Mal gutgelaunt in ausgebeulten Cordhosen und Polo-Longsleeve durch die Flure wandeln sieht.

»Es könnte heute Abend etwas lauter werden. Alle Nachbarn sind natürlich herzlich eingeladen mitzufeiern.«
Wenn Nachbarn ernst machen

Achtung! Wer diesen Satz nicht absolut ernst meint, sondern vielmehr als Höflichkeitsfloskel und bloßen Appell an die Toleranz versteht, sollte ihn unbedingt vermeiden. Denn es gibt viele Menschen, die kein bisschen zwischen den Zeilen lesen können.

Es ist ein weitverbreiteter Brauch, bei Feierlichkeiten in der eigenen Wohnung per Zettel im Hausflur die Nachbarn zu informieren und sich präventiv für die etwaige Ruhestörung zu entschuldigen. Zum guten Ton gehört dabei, die Nachbarn großzügig zum Mitfeiern aufzufordern. In der Regel aber ist man nicht scharf darauf, das Sozialarbeiterehepaar aus dem ersten Stock plötzlich wirklich in den eigenen Wohnzimmersesseln hängen zu haben: Weil sie keinen Anschluss finden, diskutiert man mit ihnen den ganzen Abend aus Höflichkeit über die Vorteile der Gesamtschule gegenüber der Dreiteilung der weiterführenden Schulen.

Egal, wie gut man die Gewohnheiten seiner Nachbarn zu kennen glaubt: Es wird dieses eine Ehepaar geben, das wirklich auf der Party auftaucht! Sie fressen sich durch den halben Topf der aus Hack, Lauch und Schmelzkäse bestehenden Mitternachtssuppe, vertragen daraufhin Unmengen an Alkohol und haben sich nach zwei Stunden richtig warmgeredet. Sie sind in absoluter Feierlaune und dabei absolute Stimmungskiller. Denn sie verwickeln alle Feiernden in langweilige Gespräche, blockieren die Küche (in der ja bekanntlich die besten Partys stattfinden), reden über die unmögliche Hausverwaltung, die nach drei Jahren immer noch nicht die versprochenen Doppelglasfenster rübergerückt hat, rechnen Heizkosten durch und haben dann schon wieder Lust auf Nudelsalat. Am Ende hat man Angelika und Udo bis morgens um sechs in der Küche sitzen, wo sie sich mit tierischem Sitzfleisch am fünfunddreißigsten Glas Dornfelder festhalten und die Wohnung nur kurz mal verlassen, weil sie noch eine Kiste mit einem echt guten Tröpfchen drüben haben müssten. Ehrensache, dass Angelika und Udo sich bald revanchieren.

Dann soll man auch mal auf ein Bierchen rüberkommen. Es war wirklich ein wunderschöner Abend. Selten so gelacht!

Der Trost: Sie waren immer noch angenehmer als der Single aus dem zweiten Stock, der zum ersten Mal auf eine Party eingeladen wird und dies als die ultimative, weil vielleicht erste und letzte Chance zugleich ansieht, endlich unter die Haube zu kommen. Spätestens wenn er beginnt, mit zuckendem Unterleib zu »Sexbomb« auf diverse weibliche Gäste zuzuwippen, sollte man sich was einfallen lassen. Man könnte ihn bei Angelika und Udo in der Küche abstellen, wo er sicherlich zum Thema »Mobbing als Problem einer anonymisierten Welt« auch einiges beizutragen hätte.

»Ich hatte eigentlich noch ein paar Studenten organisiert, aber die sind irgendwie nicht gekommen.«
Wenn Menschen ihre Freunde als Möbelpacker missbrauchen

Eine unangenehme Kapriole des Schicksals, dass man immer einen Kater hat, wenn man jemandem beim Umzug helfen soll. Die Frage, die sich den meisten »freiwilligen« unbezahlten Arbeitskräften stellt, während ihnen gerade der brackige Inhalt des unzureichend geleerten Waschmaschinenschlauchs in den Kragen läuft, lautet in diesem Zusammenhang allerdings nicht »Warum habe ich so oft einen Kater?«, sondern: »Warum muss man immer noch so oft bei Umzügen helfen? Hat das denn niemals ein Ende?«

Eigentlich kennt jeder Mensch nur etwa ein bis zwei Leute gut genug, um ihnen den eigenen Umzug zumuten zu können. Denn das, was als »ein paar Kartons, dauert nicht länger als ein, zwei Stunden am Nachmittag« wie Sauerbier angepriesen wird, artet immer in einen grässlichen Tag aus, der kräftemäßig jeden Halbmarathon in den Schatten stellt und nie so organisiert ist, wie es der Auftraggeber glauben machen möchte.

Niemand hat Lust, einem anderen Menschen beim Umzug zu helfen. Und mehr noch: Viele Menschen empfinden es hinter vorgehaltener Hand geradezu als Affront, an ihrem einzigen freien Tag der Woche dreist gebeten zu werden, für nichts als ein warmes Bier und einen Topf Chili con Carne den ganzen Tag Stehlampen, Elektrogeräte und IKEA-Einzelteile vom vierten in den vierten Stock zu tragen.

Ein Freundschaftsdienst? Vielleicht! Aber wie viel größer wäre der Verdienst um die Freundschaft, wenn der erwachsene, berufstätige Freund einfach jemanden bezahlen würde, der den Umzug erledigt. Denn allzu oft ist es ja nun eben nicht so, dass der Umziehende gerade arbeitslos geworden ist, dazu aber eine fünfköpfige Familie zu versorgen hat und dabei noch versucht, sein Studium zu finanzieren. Vielmehr lautet der Grund für die dreiste Bitte schlicht: Geiz. Und wenig Ehrfurcht vor dem Privatleben anderer. Warum fünf Studenten bezahlen, wenn man doch auch seine Bekannten und Freunde antreten lassen und dabei noch so tun kann, als ob man hier einen richtig schönen Männertag verbringt.

Was die Aggression des Umzugshelfers noch anstachelt: Der Umziehende sieht die Umzugshilfe als selbstverständlichen Freundschaftsdienst an, obwohl es eine unglaubliche Bürde für den Betroffenen darstellt, der sich berechtigterweise fragt, warum er selbst eigentlich zehn Menschen für viele Euro die Stunde dafür angemietet hat, nur um seine Freunde nicht zu belästigen.

Ein Umzug, dazu noch einer, der nicht mal der eigene ist, ist eine Qual. Nie, wirklich nie steht der angemietete Wagen zur geplanten Uhrzeit zur Verfügung und nie ist auch nur ein Viertel der Umzugshelfer pünktlich da. Der Umziehende ist genervt und fragt sich, warum die Deppen nicht einmal pünktlich sein können (»Tolle Freunde!«), während die Umzugshelfer denken, dass sie ja wohl mit Fug und Recht erst um elf kommen können, da sie ja schließlich freiwillig hier sind und es sich hier nicht um ihren eigenen Umzug handelt.

Klar nimmt man auch noch gerne die Kisten der Mitbewohnerin mit, die halt noch nicht so viele Leute in der Stadt kennt und es außerdem noch nicht geschafft hat, ihre Sachen zu packen. Doof jetzt, dass sie nur zehn Kartons für ihren gesamten Hausstand hat, von denen drei sofort beim Anheben unten reißen, und man die Sachen einzeln runtertragen muss. Das Unterfangen dauert einen ganzen Tag. Die geplante Party am Abend muss man wegen Ischiasschmerzen absagen. Abgekämpft macht man sich unter einem Vorwand vom Acker, als der neue Mieter vorschlägt, noch kurz die Schrankwand wieder zusammenzubauen (»Komm, dann hamwas alles!«)

»Könntest du vielleicht noch den Sprinter zurückbringen? Liegt doch auf deinem Weg!«, flötet der neue Freund zum Abschied noch und gleitet in seine neue Badewanne.

»Sie müssten ein Paket von mir haben. Ich klingle schon seit zwei Tagen.«
Der steinige Weg zur Paketsendung

Vielleicht ist es nur ein Gerücht, dass Paketboten prinzipiell keine Lust haben, Pakete in den dritten Stock und aufwärts zu liefern, wenn kein Lift vorhanden ist. Verdächtig oft findet man jedoch einen Paketschein im Briefkasten, der einen darüber informiert, wo die betreffende Sendung abgeladen wurde (in der Regel ein Nachbar im ersten Stock oder ein Erdgeschossladen ein paar Häuser weiter), und das, obwohl man eigentlich den ganzen Tag zu Hause war und schwören könnte, kein Klingeln überhört zu haben.

Leute, die sich aus welchen Gründen auch immer tagsüber in der eigenen Wohnung aufhalten, werden schnell als Paketannahmestelle missbraucht. Dreimal täglich ein hektisches »Könntense vielleicht was für die Nachbarn ausm vierten annehmen«, und innerhalb kürzester Zeit türmen sich mannshohe Paketstapel im eigenen Flur. Ab den frühen Abendstunden gibt es ein munteres Stelldichein der Nachbarn, und man selbst fühlt sich wie ein eifriger Postmitarbeiter, der Paketscheine annimmt, Namen studiert, Ausweisvorlage fordert, Sendungen heraussucht.

Ärgerlich sind Nachbarn, die einem erst mal beleidigt vorwerfen, ihr Paket nun schon seit zwei Tagen zu horten und trotz mehrfacher Klingelversuche nicht erreichbar gewesen zu sein. Irgendwann fängt man an, den eigenen Flur gründlicher aufzuräumen als den Rest der Wohnung, da er quasi zum öffentlichen Raum geworden ist.

Ein großes Problem stellt die Handschrift vieler Paketboten dar. Was tun, wenn im eigenen Briefkasten ein Schein vorzufinden ist, der behauptet, der langersehnte, einen vierstelligen Betrag teure und endlich bestellte Laptop lagere bei einem Nachbarn namens »Grystrort« im zweiten Stock? Natürlich gibt es keinen Nachbarn mit diesem Namen, nicht mal einen, der mit »G« anfängt, erst recht nicht im zweiten Stock. Die Vorgehensweise ist dann folgende: Erst mal alle Wohnungen im zweiten Stock, Vorder- und Hinterhaus, durchklingeln. Wenn das nicht zum Erfolg führt, zu den Briefkästen gehen und einen Namensabgleich vornehmen – vielleicht gibt es einen Namen, der zumindest bezüglich des Anfangsbuchstabens dem Phantasienamen ähnelt. Wenn auch hier nichts zu holen ist, muss wohl oder übel damit begonnen werden, sich im gesamten Wohnblock und der näheren Umgebung auf die Suche nach einer Person namens »Grystrort« zu begeben.

Selbst wenn der Name auf dem Paketschein leserlich ist, bleibt einem die Reise durch die Nachbarschaft nicht unbedingt erspart. Die Namen auf Klingelschildern und Briefkästen sind schließlich nicht unbedingt identisch mit den Namen der Leute, die sich zu bestimmten Zeiten in Wohnungen aufhalten. Dass »Haase« lediglich der Name der für eine Woche angereisten Fernbeziehung des Nachbarn ist, kann dem Paketboten natürlich herzlich egal sein.

Immerhin, würden Soziologen ins Feld führen, erlebt das Prinzip Nachbarschaft ein Comeback. So viel Einblick in den Wohnraum der anderen Hausbewohner hat man erst, seit der Online-Versandhandel floriert. Zuweilen kann die Paketsuche obendrein auch noch interessant werden, hatte man bisher doch beispielsweise nicht gewusst, dass der Nachbar aus dem zweiten Stock/Hinterhaus offenbar »animal hoarding« betreibt.

Im Urlaub und danach

»Una pizza quattro stagioni, por favor.«
Geballtes Halbwissen macht noch keinen Italiener

Wenn Leute sich nicht damit begnügen, statt Cluburlaub auf Teneriffa »authentische Reisen« zu machen und anschließend lediglich einen ausgesuchten Kreis mit einem Diavortrag zu belästigen, wird es anstrengend. Auf seinen Reisen taucht der zwanghafte Globetrotter begierig ein in die fremde Kultur, lässt sich berauschen vom wahren Leben in fremden Ländern und will diese Erfahrung in den grauen heimischen Alltag hinüberretten. Die Souveränität, die er als Weltreisender jährlich mehrmals beweist, wenn er sich in den engen Gassen von Delhi ähnlich souverän bewegt wie in den Moscheen von Isfahan, will er auch zu Hause ein bisschen vor sich hertragen.

Zurück daheim lässt er es sich also nicht nehmen, im Sommer nur noch in zipfelförmigen Lederschlappen herumzulaufen – »In Marokko tragen sie nichts anderes.« Städte spricht er prinzipiell nur noch landesüblich aus – er sagte auch schon Ende der neunziger Jahre des vergangenen Jahrhunderts längst »Mumbaī«, als andere noch jahrelang ignorant von »Bombay« sprachen. Also »Lisboa« statt Lissabon, »Gdańsk« statt Danzig und »Wrocław« statt Breslau.

Im Restaurant besteht er darauf, in der Landessprache zu bestellen, weil er die Erkenntnisse aus dem Venezuela-Urlaub auskosten möchte – oder aber, weil das Büffeln im VHS-Kurs sich endlich gelohnt haben soll. Damit geht er Begleitern und Kellnern gleichermaßen auf die Nerven, zumal das Personal in der Tapas-Bar meist aus schluffigen Studenten besteht, die noch schlechter Spanisch sprechen als der sendungsbewusste Gast. Darüber ist dieser natürlich erst mal bitter enttäuscht, zieht sein Vorhaben aber durch, das Reinheitsgebot der Sprache legt er dabei recht großzügig aus – »e due espressi, por favor«.

Er liebt es, die Professionalität des Lokals zu überprüfen. Im vietnamesischen Restaurant etwa erkundigt er sich lauernd, ob die »Phở« denn hier so serviert würde, wie es »in den Nudelküchen in den Straßen von Hanoi« üblich sei. Um dann triumphal erst in die Tischrunde zu blicken und den Kellner darüber aufzuklären, dass bei einer originalen »Phở« die meisten Zutaten auf einem Extrateller angereicht und nicht etwa bereits in die Suppe gerührt werden.

Im Urlaubsland selbst will der Globetrotter keinesfalls als üblicher, nicht ernstzunehmender Tourist wahrgenommen werden, sondern als intimer Kenner der jeweiligen Bräuche. Um etwa in den USA auftrumpfend unter Beweis zu stellen, dass er jegliche Bezeichnung für die hiesige Zubereitungsart von Eierspeisen kennt, nutzt er nicht etwa das »Continental-Breakfast-Buffet« im Hotel; er sucht jeden Morgen ein Frühstückscafé auf, um die Woche genüsslich mit mehreren Litern »Refill coffee« und wahlweise »Scrambled eggs«, »Fried eggs«, »Ham and eggs«, »Eggs Benedict« und »Denver Omelette« durchzudeklinieren.

Zudem weigert er sich, einen Stadtplan zu benutzen, um mit Einheimischen ins Gespräch zu kommen. Egal, ob der nächste U-Bahn-Schacht in Sichtweite ist – ein »Excuse me, can you tell us the way to the next underground station?« ist immer drin. In London wird »underground« selbstredend durch die ortsübliche »tube« ersetzt.

Seinen Mitmenschen geht der enthusiastische Reisende während und nach dem Urlaub mit klischeegefährdeten Weisheiten auf die Nerven. »Da schmecken Tomaten noch nach Tomaten«, weiß er über den sizilianischen Gemüseanbau zu berichten; der Geschmack des Quellwassers, direkt aus dem kleinen Bergbach in den Südtiroler Alpen getrunken, kennt keinen Vergleich; Latte Macchiato ist ja eine rein deutsche Erfindung, die Italiener würden das höchstens als Getränk für Kinder kennen; und »Holland« ist nur eine Region der Niederlande und keine Bezeichnung für ein Land.

An der heimischen Wursttheke wiederum kommt es dann öfter zu Missverständnissen. Woher soll das Personal auch wissen, dass mit dem mit Hilfe von unheimlichen Gurgel- und Lispelgeräuschen erzeugten und kaum verständlichen Wort »Chorizo« die scharfe Paprikasalami gemeint ist?

Endlich genießt man im Hotel die Aussicht. In dem Moment winkt eine Flasche Wein über die Terrassenabtrennung ...
Wenn andere Touristen Freunde werden wollen

Meist beginnt es harmlos. Die Täter sind Alleinreisende mit viel Selbstbewusstsein oder die Art von Pärchen, die sich zu zweit schon lange nicht mehr genug sind und schon beim Essen im Hotelrestaurant ihren Opfern auflauern. Erst ein freundliches Nicken, eine kurze Unterhaltung, ein unverfängliches Verleihen der Luftmatratze – und schon steckt man drin. Am nächsten Abend rückt das fremde Urlaubspaar die beiden Zweiertische im Restaurant aneinander, und man ist fortan zu viert unterwegs.

Viele Urlauber legen bei der Kontaktaufnahme eine ungesehene Selbstverständlichkeit an den Tag, die fast an Belästigung grenzt. Sobald das erste Eis gebrochen ist, geht die Distanz zur Privatsphäre flöten. Der Urlaub wird zum Hase-und-Igel-Spiel: Kommt man zum Pool, winkt einem bereits das krebsrote Paar lachend und mit Sonnenhüten auf dem Kopf entgegen. Es hat natürlich zwei Liegen neben sich freigehalten. Verdrückt man sich in aller Herrgottsfrühe zu einem abgelegenen Strand, hatte das Paar die gleiche Idee. Und warum mit zwei Autos fahren? Das Schlimmste daran: Klar, dass zum Dank für die Autofahrt ein schönes Abendessen wartet. Der Nachbar tischt einen Topf Nudeln auf, und beim gemütlichen Zusammensitzen zaubert er auch gleich seine Ideen für die nächsten Tage aus dem Hut. Echt toll, dass man in entspannter Urlaubsatmosphäre so nette Menschen kennenlernen kann!

Der eigene Ärger richtet sich natürlich gegen das Nachbarspaar, aber ebenso gegen sich selbst, weil es einem nicht gelingt, den zudringlichen Mitreisenden mit sanftem Druck in seine Schranken zu weisen. Stattdessen zerreißt man sich mit gedämpfter Stimme unter der Bettdecke das Maul und setzt dann doch wieder ein erfreutes, gemeißeltes Lächeln auf, wenn abends eine bereits entkorkte Weinflasche über die Terrassenabsperrung winkt.

Zugegeben: Es fällt schwer, den Nachbarn vor den Kopf zu stoßen. Er hat einem immerhin sein Surfbrett geliehen, um damit in Richtung der wunderschönen Mitte des Gardasees zu paddeln. Zum Dank winkte man ihm freundlich von der Mitte des Sees aus zu und verstand zuerst nicht, warum er daraufhin aufsprang und im Delphinschwimmerstil zum Surfbrett jagte. Der Nachbar lacht herzlich über das Missverständnis, dass er dachte, man winke um Hilfe, und muss sich nun erst mal am Surfbrett hängend ausruhen. Zum Glück ist das Wasser des Gardasees ja relativ warm. Das sei in Norwegen anders. Was? Da war man noch nie? Er hat da ein Haus! Das kann man doch im nächsten Jahr mal zusammen machen. Zufrieden treibt der Nachbar im See.

»Moment, dann trink ich das jetzt hier noch aus.«
Überraschung! Im Flugzeug sind keine Flüssigkeiten
erlaubt

Über Sinn und Zweck einer ganzen Reihe von Verordnungen und Verboten ließe sich mit den Verantwortlichen trefflich streiten. Ein unstrittiges Ärgernis sind hingegen Leute, die darüber mit Ansprechpartnern diskutieren, die eindeutig nicht zuständig sind. Manche Leute haben sich immer noch nicht damit abgefunden, dass Nagelfeilen, Feuerzeuge und Flüssigkeiten in beliebiger Menge an Bord eines Flugzeuges seit geraumer Zeit nicht mehr erlaubt sind. Anstatt also im Handgepäck den fein säuberlich gepackten Zippbeutel mit 100-ml-Fläschchen mitzuführen und diesen ungefragt aufs Förderband zu legen, starten sie eine heftige Diskussion mit dem kontrollierenden Flughafenpersonal. Nachdem sie umständlich das Feuerzeug oder eine 200-ml-Flasche Parfüm zwischen Wäschestücken und anderen Reiseutensilien aus ihrem Trolley hervorgeschält haben, gehen sie von sinnloser Empörung (»Ist doch nur ein verdammtes Feuerzeug« beziehungsweise »Finden Sie das nicht total kleinkariert, das ist doch eindeutig einfach nur Parfüm«) zu Flehen über (»Vielleicht könnten Sie eine Ausnahme machen, ich hab das erst zweimal benutzt«).

Während die hinter ihm Wartenden mit den Hufen scharren und schnauben, schüttet der renitente Fluggast seine 1,5-Liter-Flasche Mineralwasser auf ex herunter, um die vollkommen entleerte Flasche mit spitzen Fingern in der Mülltonne der Kontrollbluthunde verschwinden zu lassen. Die ganz Schlauen haben sich ihr Bircher Müsli in einem Babygläschen mitgebracht (so früh am Morgen hätten sie zu Hause noch nichts runtergekriegt, und bei den unverschämten Preisen am Flughafen ist natürlich kein belegtes Schinkenbaguette drin). Dumm nur, dass auf dem Gläschen nicht mehr zu erkennen ist, über welches Fassungsvermögen es verfügt, weil das Etikett fehlt. Nach einem erbitterten Wortgefecht, aus dem mindestens einmal der Halbsatz »als ob wir hier keine dringenderen Probleme hätten« dringt, mampft der Fluggast sein Bircher Müsli mit Hilfe eines eigens mitgeführten Plastiklöffels beleidigt vor Ort, bevor er halblaut vor sich her fluchend Richtung Gangway stampft.

»Was? Und Kambodscha habt ihr ausgelassen? Seid ihr verrückt?«
Wenn Backpacker sich und andere über ihre Reiseziele definieren

Der Backpacker reist nicht, er erlebt. Er besichtigt nicht, er fühlt. Er macht keinen Urlaub, er taucht ein. Das denkt zumindest der Backpacker und gibt dies seiner Umwelt nach seiner Rückkehr auch deutlich zu verstehen. Backpacker halten sich für die tolerantesten und weltoffensten Urlauber, die es gibt. Sie machen sich gemein mit dem Volk ihres Ziellandes, sie werden zu einem von ihnen. Mit der Ausnahme, dass sie kein Hostel betreten, das nicht im Lonely Planet gelistet ist, und das oberste Ziel ist es, die komplette Reise in Flipflops zu bestreiten.

Oberste Priorität des Backpackers ist unabhängig vom Einkommen: möglichst wenig Geld ausgeben. Klar schimpfen sie auf Internet-Schnäppchenjäger, die nicht mehr als 300 Euro für eine Woche All-Inclusive-Reise im Glückshotel Bulgarien ausgeben wollen und sich dann aber lautstark über Schimmel im Bad beschweren. Selbst aber schauen sie abfällig auf Reisende, die sich in ihr klimatisiertes Hotelzimmer verabschieden, während sie selbst sich in ihrer mexikanischen Hängematte zusammenrollen und am nächsten Tag mit der Körperhaltung von Nosferatu wieder aufstehen.

Das Eintauchen der Backpacker in ihren eigenen Kosmos lässt wenig Raum für Andersdenkende: Zwei Wochen Rundreise mit dem Mietauto? Nein, man muss mit dem Zug vierundzwanzig Stunden fahren, so wie die Einheimischen. Dass jeder Einheimische sein letztes Geld zusammenkratzt, um einen klimatisierten Inlandsbus zu buchen? Egal! Am Ende besteht der Zug zu neunzig Prozent aus Backpackern, aber alle schwärmen davon, wie wunderbar »authentisch« es gewesen sei.

Ein Arztbesuch, um dem enzephalitisch wirkenden Kopfschmerz nach dem Besuch im Mekong-Delta auf den Grund zu gehen? Bestimmt nur die Verspannung durch die Körperhaltung nach der Nacht in der Hängematte. Eine Woche an einem Ort bleiben, um vielleicht mal wirklich die Stadt ein wenig auf sich wirken zu lassen? Nichts für den Backpacker. Er muss schließlich sechs Länder in sechs Wochen schaffen, sonst kann man ja gleich eine Pauschalreise buchen wie die anderen Idioten.

Reiseerfahrenheit und Reisegenuss misst der Backpacker anhand der Quantität der besuchten Länder. Und der tolerante Backpacker wird im Gespräch mit anders Reisenden zum Diktator: Man war in Vietnam und hat Kambodscha ausgelassen? Absurd! Man war in Südamerika und hat sich dann Guatemala entgehen lassen? Verrückt!

Natürlich gibt es gute Gründe dafür, nicht zwei Wochen lang am Pool der Hotelanlage in Alanya zu liegen, wo das einzig Landestypische der türkische Abend ist, an dem ein paar Folklore-Sultane einen Clubtanz in Haremshosen aufführen. Dennoch geht der Backpacker nach seiner Rückkehr allen anderen Reisenden gehörig auf den Senkel. Aber er kann nicht anders: Der Backpacker hat sich im Urlaub, den er nicht Urlaub nennt, so verausgabt, dass er seine Erfahrungen teilen muss. Warum sonst sechs Länder in sechs Wochen, wenn es keinen gibt, der es entsprechend honoriert.

Mit verstrahltem, langsamem Vokabular (»Sorry, hab da am Treasure Beach in Jamaika unheimlich krasses Ganja gekauft«) erzählt er mit quälendem Detailreichtum alles, was ihm in den letzten Wochen widerfahren ist, angereichert mit seinen persönlichen politischen und gesellschaftlichen Anmerkungen (»Indien ist so mainstream mittlerweile!«). Sofort nach der Rückkehr fiebert der Backpacker seiner nächsten Reise entgegen. Er fröstelt bei den deutschen Temperaturen, findet alles zu teuer und beginnt, alles, was ihm gegen den Strich geht, »typisch deutsch« zu finden. Der Backpacker wird dem Mitmenschen zur Belastung. Und die Tatsache, dass er schon wieder auf einen Flug nach Bangkok spart, wird zum Leuchtturm. Aber Achtung: Thailand ist echt krass teuer geworden!

»P. S.: Julia, danke für deine süße Mail!
Paul, herzlichen Glückwunsch zum Nachwuchs.
Ralf, ich vermisse dich.«
Die nervige Form des Urlaubsgrußes ist die Sammelmail

Late-Adopter und Vergangenheitsverklärer nerven damit bereits seit Jahren: Es ist ja so viel schöner, einen handgeschriebenen Brief zu bekommen als diese blöden, bedeutungslos schnell dahingetippten neumodischen Mails. Die gleichen Leute schütteln arrogant den Kopf über Neuerfindungen wie das iPad und huschen weiterhin ungeduscht im Schlafanzug zum Briefkasten, zerren eine regennasse, gewellte Zeitung aus dem Schlitz und behaupten neunmalklug, sie bräuchten beim Lesen nun mal dieses Gefühl von Papier und umgeblätterten Seiten, sonst sei es ja eigentlich gar kein richtiges Lesen.

Mails sind eine sehr praktische Erfindung. Und es ist leicht verständlich, dass niemand Lust hat, in den Seitenstraßen Bangkoks einen Briefkasten zu suchen, wenn an jeder Ecke ein Internetcafé zu finden ist, um der Verwandtschaft mitzuteilen, wie sehr man den Urlaub genießt. Dennoch, in einem Fall ist man geneigt, den Papierpredigern recht zu geben: die Sammelmail, die hässliche Nachgeburt der ansonsten zeitsparenden, höchst praktischen Mail. Beliebte Betreffzeilen der Sammelmail: »Yeeehaw aus Texas«, »Mumbai – Stadt voller Widersprüche«, »Off to Japan«. Umfang: Diplomarbeit. Ein vermeintlicher Urlaubsgruß, verzerrt und missbraucht zu einem gehaltlosen Sermon subjektiver Eindrücke, langweiliger Erlebnisse und persönlicher Einschätzungen.

Vor der Erfindung der E-Mail gab es als Urlaubsgruß die Postkarte. Aus gutem Grund schickte man eine Urlaubskarte und nicht etwa einen Urlaubsbrief. Dieser Grund lag nicht in den geschmackvollen Beach-Beauty-Kartenmotiven, sondern in der Platzbegrenzung. Die Postkarte diente dazu, den Daheimgebliebenen zu sagen, dass man an sie denkt und dass alles in Ordnung ist. Man durfte sich dann entscheiden, ob man den spärlichen Platz ansonsten noch dafür nutzen wollte, die Unterkunft grob zu umreißen (»Wir wohnen in einem winzigen Dorf gleich am Westufer des Sees«) oder den Tagesablauf (»Danach hatte Gerd so einen Sonnenbrand, dass wir den nächsten Tag nur Rommé gespielt haben«). Dann quetschte man eine Unterschrift daneben und Schluss. Gehörte man zur ganz disziplinierten Fraktion schaffte man es sogar, die Karte auch abzuschicken.

Würde man sich auch auf dem Mail-Weg auf diese Informationen beschränken, hätte man auch die Zeit, jedem, an den man tatsächlich denkt, einen eigenen Urlaubsgruß zu schicken. Stattdessen grenzt die Schwemme, die einen in Haupturlaubszeiten im E-Mail-Fach erwartet, an Spam. Reisende verfassen einen detaillierten Reisebericht und schicken diesen dann via Sammelmail an ihr gesamtes Adressbuch. Dabei wird nicht berücksichtigt, dass man manche Empfänger vor zehn Jahren das letzte Mal gesehen hat oder ihnen lediglich vor Jahren mal bei Ebay einen Kinderwagen verkauft hat. Die Urlaubsbeschreibungen ufern hier ins Grenzenlose aus. Sie beginnen meist mit historischen Abrissen über das Urlaubsland (»Die Folgen des Vietnamkriegs sind hier von Norden nach Süden noch deutlich spürbar«), arbeiten sich vor zum Themenbereich »Land und Leute« (»Unglaublich, wie gastfreundlich die Kubaner sind, auch wenn sie selber nichts haben!«) und schließen bei persönlichen Erlebnissen (»Surfen an der Playa mit Sam und Jorge ist echt der Hammer«).

Verfassern von langen Sammelmails geht meist jedes Verständnis darüber ab, dass der Empfänger keine Lust oder keine Zeit hat, sich durch wöchentliche seitenlange Abhandlungen zu quälen, nur um daraus die spärlichen, für einen selbst womöglich interessanten Informationen zu destillieren. Ganz im Gegenteil: Die Verfasser erwarten zumeist, dass ihr Konvolut aufmerksam gelesen wird, sie haben sich schließlich große Mühe gegeben und eine Stunde lang den einzigen Computer der Insel okkupiert.

»Sie können hier stehen bleiben – ich nehm eh gleich noch 'nen Prosecco und 'nen Tomatensaft!«

So belästigt man Personal und Mitreisende auch in 10 000 Metern Höhe

Es ist egal, dass Flüge mittlerweile weniger kosten als so manche innerdeutsche Zugfahrt im unklimatisierten Großraumwagen. Die Flugreise hat trotzdem nichts von ihrem Ruf als privilegierte, exklusive Fortbewegungsmethode eingebüßt. Wer fliegt, leistet sich was. Vielleicht rührt diese Sichtweise daher, dass der durchschnittliche Normalo vorwiegend anlässlich seines großen Sommerurlaubs ins Flugzeug steigt, *der* Primetime des Jahres also. Aufgrund von Vorfreude und Aufregung befindet sich der Urlauber schon bei Abflug in einem Zustand übermütiger Entfesselung und in der selbstauferlegten Pflicht, es sich die nächsten zwei Wochen mal so richtig gutgehen zu lassen. Der Urlaub beginnt für den Reisenden also bereits im Flugzeug, und da er dafür bezahlt hat, möchte er auch das Optimum herausholen.

Da der Fluggast dazu tendiert, jeden Flug unabhängig vom tatsächlichen Preis als zu teuer zu empfinden, nimmt er sich vor, den Flugpreis durch den Konsum kostenloser Getränke und das Horten völlig unnützer Dinge wie Kaffeeweißerpulver und Polyesterdecken wieder reinzuholen. Selbst Menschen, denen sonst von jedem Glas Weinschorle sofort Kapillaren platzen, ziehen sich plötzlich den vierten Piccolo rein und lassen die Mini-Coladose ungeleert in der Handtasche verschwinden, um sie später am Flughafen von Teneriffa feixend wieder hervorzuziehen, während sich andere schwitzende Wartende ein teures Getränk am Kiosk kaufen müssen.

Fluggäste in Urlaubsstimmung tendieren dazu, besonders kontaktfreudig zu sein und ihren Urlaub gleich mit dem zu beginnen, was sie »Über den Tellerrand gucken« nennen. Hier bietet sich der optimale Ausgangspunkt, seinen Mitmenschen erfolgreich auf den Wecker zu gehen: Es spielt keine Rolle, dass die Sitznachbarin Kopfhörer trägt und die Augen geschlossen hat, Sie meinen es ja sicher nur nett, wenn Sie trotzdem mal nachfragen, was sie denn in Mallorca zu suchen hätte, und ihr gleichzeitig noch erklären, dass »das Innere der Insel wirklich total untouristisch« sei. Zählen Sie auch ruhig in aller Detailliertheit ein paar schöne Restaurants auf, in denen Sie vor Jahrzehnten mal gut gegessen haben, und zwingen Sie sie, die Namen zu notieren.

Um sich gleich zu Beginn bei anderen Fluggästen unbeliebt zu machen, empfiehlt es sich, sich beim Verstauen der Jacke im Handgepäckfach viel Zeit zu lassen, denn Sie sind schließlich im Urlaub und nicht auf der Flucht. Führen Sie am besten auch ein etwas zu großes Handgepäckstück mit sich, das Sie fluchend und mit Gewalt im Gang stehend ins Handgepäckfach zu drücken versuchen. Haben Sie schließlich auf ihrem Sitz, einem Fensterplatz, Platz genommen, pressen Sie beim Start den Kopf frontal gegen das Fenster, so dass kein anderer mehr die Aussicht genießen kann. Untermauern Sie die gigantische Aussicht ruhig mit anerkennendem Raunen. Gleich nach Erlöschen der Anschnallzeichen sollten Sie Ihren ersten von mindestens sieben Toilettengängen antreten und sich umständlich und mit dem Gesäß fast im Gesicht der Nebenfluggäste aus ihrer Reihe drängeln. Halten Sie sich bei jedem Aufstehen an der Rückenlehne Ihres Vordermanns fest und ziehen sich daran schwungvoll nach oben. Entschuldigen Sie sich nicht, denn Sie sind ja wohl der Letzte, der was dafür kann, dass die Holzklasse so unzumutbar eng gebaut ist, dass sich jeder Ausflug im Viehtransporter besser anfühlen muss. Darüber beschweren Sie sich lieber später – bei Langstreckenflügen am besten während der Nachtruhe – bei der Stewardess. Und zur Strafe packen Sie das zum Schlafen angereichte kleine Kopfkissen ein.

Gleich nach dem ersten Getränkeausschank ist es nun an der Zeit, Ihren eigenen Sitz ohne Vorwarnung schwungvoll nach hinten sausen zu lassen, so dass sich der Tomatensaft des Hintermannes vollständig auf dessen weiße Leinenhose ergießt. Nach etwa fünf Sekunden sollten Sie sich zu ihm nach hinten beugen und fragen: »Geht das mit dem Platz?« Lassen Sie die Stewardess keinesfalls mit dem Getränkewagen vorbeiziehen, es dauert ewig, bis sie noch mal vorbeikommt. Trinken Sie Ihr erstes Glas gleich stehend auf ex und fordern Nachschub. Dann dauert es auch nicht so lange, bis Sie wieder aufs Klo müssen.

Schlechte Stimmung im Umfeld? Kein Problem! Bleibt immer noch der Saftschubsenkalauer oder die Flugzeugwitze, die sie wiehernd dem uninteressierten Publikum zum Besten geben. Oder gehen Sie doch mal das Cockpit besichtigen. Das mögen Piloten auch total gern!

Einfach überall …

»Da würd ich an deiner Stelle nicht reingehen …«
Die öffentliche Toilette als hygienische Herausforderung

Auf dem Gebiet öffentlicher Toiletten ist der Penisneid von Frauen ein Faktum. Während Männer mit angehaltenem Atem am Pissoir stehen, sich innerhalb von Sekunden erleichtern und sich fröhlich wieder unter die Leute mischen, sieht die Situation auf der Damentoilette deutlich schwieriger aus. Selbst wenn man sich auf einer gehobenen Veranstaltung befindet, auf der jede einzelne Frau tadellose Manieren hat und wie aus dem Ei gepellt aussieht: Es wird diese eine Frau geben, die beim Toilettengang auf die Klobrille pinkelt, diese nicht säubert und damit eine Kettenreaktion auslöst, die alle hygienischen Gesetze außer Kraft setzt. Dieser Moment ist der Startschuss für das totale Inferno auf der Damentoilette.

Binnen kürzester Zeit wird die Damentoilette aussehen wie das einzige Klo einer texanischen Truckerbar. Warum sollte die nächste Toilettenbenutzerin noch von der Klobürste Gebrauch machen, obwohl doch eh schon alles vollgesaut und diese Toilette damit ein Ort ist, den sauberzumachen es sich nicht lohnt? Vereinzelt gibt es Frauen, die mit spitzen Fingern und Massen von Klopapier die Toilette reinigen (falls es Klopapier gibt und nicht diese zentnerschweren Rollen Industriepapier, von denen man nie mehr als ein Blatt abreißen kann, bevor das Rollenende auf Nimmerwiedersehen in den Tiefen des Metallbehälters verschwindet) – nicht, weil sie Hoffnung hätten, sondern weil sie Angst haben, die wartende Frau vor der Tür könnte denken, sie sei an diesem Pearl Harbor schuld. Diese Frauen verschlimmern das Problem in Wirklichkeit nur. Denn je mehr Klopapier sie verbrauchen, desto schneller gibt es keines mehr; die folgenden Frauen fühlen sich dazu animiert, sich nach dem Urinieren im Stehen nur noch notdürftig abzuschütteln. Sich hinzusetzen ist natürlich undenkbar geworden, gleichzeitig beweist das Pinkeln im Stehen natürlich immer wieder aufs Neue, dass Frauen das nun mal nicht können.

Während man dort nun also mit zitternden Oberschenkelmuskeln im 45-Grad-Winkel über der Toilettenbrille steht und angestrengt versucht, den Strahl irgendwie ins Becken zu lenken, wächst die Wut auf die Frau, die das alles verursacht hat: Warum hat sie das gemacht? Was ist es? Boshaftigkeit? Nervenkitzel? Volltrunkenheit? Die stille Rache einer Frau, die sonst immer alles richtig macht?

Das anschließende Händewaschen kann leider nicht das Gefühl des Sich-Reinwaschens herstellen: Zum Abtrocknen gibt es entweder einen mit Colibakterien um sich schleudernden Luftpuster oder ein tropfnasses, fleckiges, waschlappengroßes Handtuch.

»Ach, kostet nichts? Kann ich davon auch zwei haben?«
Über den Impuls, jeden noch so nutzlosen Plunder an sich zu raffen – Hauptsache umsonst

Wenn es was umsonst gibt, geraten auch Leute, die eigentlich genug Geld hätten, um sich wirklich brauchbare Dinge zu kaufen, außer Rand und Band. Besonders gut ist dieses Phänomen auf Messen zu beobachten: Horden von Besuchern, die nicht etwa da sind, um sich auf den neusten Stand in Sachen Containersystemlösungen oder 3D-Fernsehen zu bringen – vielmehr mutiert ihr Messebesuch zu einem beispiellosen Beutezug. Stände werden lediglich aufgesucht, um Dinge abzugreifen, die umsonst sind: Nach einem routinierten Schaufelgriff in die an der Theke platzierte Schale, die Bonbons oder Minischokoriegel mit aufgedrucktem Firmenlogo enthält, beginnen die Abgreifer am Stand nach weiteren »Incentives« beziehungsweise »Giveaways« zu schnüffeln. In Wallung geraten sie, wenn Standinhaber an Leute wie sie gedacht und die Beute in einer gut einsichtbaren Ecke des Standes bereits fertig gepackt platziert haben: Quadratische, lackierte Tüten mit Firmenlogo, prall gefüllt mit Sachen, die sich gegenseitig an Nutzlosigkeit überbieten: Prospekte, Kataloge, Broschüren, eine Zeitschrift; Aufkleber, Feuerzeug; eventuell noch ein Kugelschreiber, Schlüsselanhänger oder ein Jutebeutel. Trotzdem wird beherzt zugegriffen, und hochzufrieden verlassen die Abgreifer, von Standbetreibern als »Beutelratten« gefürchtet, abends erschöpft mit einem riesigen Strauß Lacktüten das Messegelände, auf dem Kopf thront eine signalfarbene Baseballkappe mit dem Schriftzug »ITB 2012«.

Wenn diese Leute es mit Feng Shui einmal wirklich ernst meinen und ihren Haushalt einer gründlichen Inventur unterziehen würden, könnten sie einen ganzen Container mit Aufklebern, Schlüsselanhängern, Kugelschreibern und Geodreiecken mit aufgedruckten Firmenlogos füllen.

Leute mit Abgreifermentalität können sich auch nicht des Zwangs erwehren, jedes noch so nutzlose Pflegeprodukt aus Hotelzimmern mitgehen zu lassen; der Schmerz über den Übernachtungspreis sitzt tief und muss, wo immer möglich, kompensiert werden. Also werden abgepackte, nach Industrie riechende Seifenstücke und Shampoo-Pröbchen, die sich mit nassen Duschfingern nie werden aufreißen lassen, in den Kulturbeutel gestopft, um zu Hause in einer Badezimmerschublade zu verrotten.

Leute, die gerade noch die mit Pappe gefüllten Hotelpantoffeln eingepackt haben, werden später am Frühstücksbuffet klammheimlich eine Schinkenstulle notdürftig in eine Papierserviette gehüllt in die Handtasche gleiten lassen. Geld fürs Mittagessen gespart, Tag gerettet! (An der Käsetheke übrigens wartet der Abgreifer verstohlen, bis die Käsefachkraft gerade woanders hinguckt und spießt dann blitzschnell drei der ausliegenden Probier-Käsewürfel auf einmal auf den Zahnstocher.)

Ein Fehler wird allerdings nur einmal gemacht: Nachdem das Hotel Wochen später die Kreditkarte mit einem nicht unerheblichen Betrag belastet hat, wird künftig auf die illegale Mitnahme des flauschigen Frottee-Bademantels verzichtet.

»Ich glaub, wir sind schon voll.«
Der Fahrstuhl als Aggressionsquelle

Die Ursprungsidee eines Lifts ist ja, Menschen und Sachen zu transportieren, für die eine Treppe zu mühsam wäre. Geeignete Kandidaten für eine Liftfahrt sind also beispielsweise Rollstuhlfahrer, Leute mit Kinderwagen oder Kindern unter drei, alte Menschen, Menschen mit schwerem Gepäck. Für alle, die dazu in der Lage sind, ist Treppensteigen gesund – das sollte mittlerweile auch bis in den letzten Winkel zu den Sportverweigerern durchgedrungen sein.

Trotzdem kommt es regelmäßig, egal ob im Kaufhaus, im Ärztehaus oder in der U-Bahn, zu folgender Situation: Man selbst wartet samt Kinderwagen oder zwanzig Kilo schwerem Trolley auf den Lift, die Tür öffnet sich, und drin steht bereits ein fröhliches Grüppchen, bestehend aus männlichen Teenagern um die 16 und rüstigen Ehepaaren um die fünfzig, die einem mitteilen, man müsse wohl leider bis zur nächsten Fahrt warten.

Oft befindet sich direkt neben einem Lift ein Treppenhaus. Dennoch bildet sich vor dem Lift regelmäßig eine Schlange von offensichtlich mobilen Menschen, die lieber mehrere Minuten warten und dabei mehrmals ungeduldig auf das Pfeilsymbol hämmern, als die zwanzig Stufen in den ersten Stock zu nehmen.

Meist vergisst dann irgendjemand, für sein Stockwerk zu drücken, schnellt ganz oben zielsicher aus dem Lift, bis er kapiert, dass er zu weit gefahren ist, auf dem Absatz kehrt macht und empört den Mitfahrern die Schuld gibt (»Hätte ja auch mal jemand auf zwei drücken können«).

Der steckengebliebene Lift ist ein beliebtes Filmmotiv. Man möchte die Fahrt also einfach schnell, still und auf die Liftdecke starrend zu Ende bringen. Leider gibt es nicht selten Liftfahrer, die ankumpeln wollen. In letzter Sekunde schnellt also ein Fuß in die sich bereits schließende Lifttür, eine hastig keuchende Person hievt den eigenen Körper gegen den Widerstand der nur noch zu einem Spalt geöffneten Tür ins Innere und blickt anschließend mit triumphierendem Grinsen in die versteinerten Gesichter der Mitfahrer. Auch nervig: Leute, die das obligatorische Schweigen im Lift offenbar nicht aushalten und den Zwang entwickeln, die Stille zu kommentieren.

»Das Schicksal der sibirischen Tiger ist Ihnen also egal?«
Die emotionale Erpressung steht immer noch nicht unter Strafe

Meistens sieht man das Hindernis schon von weitem. Das gibt einem die Gelegenheit, den Kopf zu senken, auf den Boden zu starren und vergeblich zu hoffen, das könne helfen. Mit einer Art Kung-Fu-Ausfallschritt landet ein ausgesprochen heiterer T-Shirt-Träger direkt vor der eigenen Nase und flötet: »Zwei Minuten Zeit für die Menschenrechte«, oder: »zwei Minuten für bedrohte kalifornische Schweinswale«, oder er fordert Aufmerksamkeit für von der Massakrierung bedrohte Pelztiere oder für sauberes Trinkwasser in Afrika.

Nun gäbe es grob drei Möglichkeiten: Sich auf ein Gespräch einlassen, mit der schneidenden Gewissheit, dass es immer schwieriger, nein: unmöglich wird, mit einem »kein Interesse« dem verbalen Schraubstock des T-Shirt-Trägers zu entkommen.

Oder einfach weiterlaufen und »Nein danke« murmeln, den T-Shirt-Träger mit einer lästigen Handbewegung wie eine Schmeißfliege verjagen. Oder: »Ich bin schon Fördermitglied von amnesty international« flöten, egal ob das stimmt oder nicht. Auf die fiesen Methoden der emotionalen Erpressung wird man ja wohl noch mit einer ähnlich unlauteren Strategie (Lügen) kontern dürfen. In allen drei Fällen hat der Aktivist das Gleiche geschafft: Der Angesprochene fühlt sich schlecht.

Der gutgelaunte Aktivist ist ein Feindbild, weil er einen in eine Lage bringt, aus der man nicht unversehrt wieder herauskommt: Entweder man ergibt sich und wird per Nötigung Fördermitglied einer Organisation, deren Mitglied zu sein man eigentlich bisher kein gesteigertes Bedürfnis verspürt hatte. Oder man bügelt das hehre Anliegen des Aktivisten ab und fühlt sich danach abgestumpft und ignorant. Denn der Aktivist hat die Kunst der emotionalen Erpressung perfektioniert. »Wollen Sie etwa, dass der Regenwald im Amazonasbecken und damit der Lebensraum für Millionen von Tieren und die Lebensgrundlage der Menschen dort vernichtet wird?« Nein, das will man natürlich nicht, welches herzlose Monster könnte so was wollen? Und dass der Regenwald zugunsten riesiger, methanausstoßender Rinderherden abgeholzt wird, nur damit wir weiterhin unser billiges Roastbeef beim Discounter kaufen können, das will man eigentlich ja auch nicht. Aber zuallererst will man in Ruhe gelassen werden und so weitermachen wie bisher: Nämlich alle Schrecklichkeiten der Welt so gut es geht verdrängen, zu Weihnachten nach Laune spenden und nicht auf der Straße dazu genötigt werden.

Wer ein paar Minuten lang das traurige Schauspiel beobachtet, wie die bis in die Haarspitzen übermotivierten Aktivisten von Passanten abgebügelt werden, der kann sich gar nicht vorstellen, dass es je einer geschafft hat, eine Fördermitgliedschaft zu verkaufen.

Eine Frage, auf die es einfach keine sinnvolle Antwort zu geben scheint: Warum machen die das? Offenbar gibt es Menschen auf diesem Planeten, die mit dem ins Gesicht gesprungenen euphorischen Aktivisten ins Geschäft kommen, aber wer und wo sind die? Man selbst bekommt immer nur Leute mit, die griesgrämig wie man selbst Unverständliches murmeln oder gar aggressiv in sich hineinschimpfen.

Je nach Thema der emotionalen Erpressung gibt es ein paar ganz perfide, sozusagen spendenfördernde Accessoires, die sich nicht so leicht wegwedeln lassen. Vorzugsweise im Winter, rund um die Weihnachtszeit, ist das ein struppiges Shetlandpony, welches dekorativ neben dem Mann mit der Geldbüchse in Fußgängerzonen positioniert wird und um eine Futterspende für den Wanderzirkus bittet, der seine Tiere höchstwahrscheinlich nicht nach den geltenden Tierschutzbestimmungen hält. Gerade Menschen in Begleitung kleiner Kinder wissen: Am Shetlandpony kommen sie nicht ungeschoren vorbei.

Man wird deshalb so böse auf die emotionalen Erpresser, weil sie einen in die Lage bringen, etwas zu tun, worauf man gerade keine Lust hat (Mitgliedsantragsformulare ausfüllen, viel Geld spenden), und nicht die Möglichkeit lassen, reinen Gewissens einfach »Nein« zu sagen.

Besonders schlimm wird es, wenn die eigene miese Laune zum Thema wird. Besonders gut gelingt das etwa den Aktivisten von Vereinen wie »Rote Nasen e.V.«, die mit roter Clownsnase im Gesicht bevorzugt vor Einkaufscentern lauern. (Ganz nebenbei erwähnt gibt es eine ganze Reihe von Kindern mit panischer Abneigung gegen Clowns, die also beispielsweise mit Hundebabys besser bedient wären.) Die Menschen mit der Clownsnase jedenfalls stellen sich in den Weg und sagen »Lach mal« – während man bei Fadenregen missmutig dem Feierabend entgegenmarschiert, und zwar im Stechschritt. Da erträgt man es nur sehr schlecht, ausgerechnet von gutgelaunten Clowns zum Antichrist gemacht zu werden, falls man gerade nicht für krebskranke Kinder und deren Bespaßung finanziell zur Verfügung steht.

Größte Frechheit: Spendensammler in voller Sanitätermontur, die an der Haustür klingeln, um Spenden für ihren Rettungsdienst einzutreiben. Bei ablehnendem Bescheid ziehen sie missmutig schmollend, beinahe drohend ab. »Wenn Sie oder jemand aus Ihrer Familie mal einen Unfall haben, was wir Ihnen natürlich nicht wünschen, wollen Sie auch, dass wir da sind, oder?«

Um nicht ständig wie jemand rüberzukommen, der überflüssige Katzenbabys in der Regentonne ersäufen würde, haben sich viele eine offensiv vorgetragene fiktive Spendenbiographie zugelegt. Das sind die Leute, die ganz gelassen stehen bleiben und dem Aktivisten freundlich erklären, wie sehr sie sich auf die in wenigen Monaten anstehende Reise nach Uganda freuen, wo sie ihr aidskrankes Patenkind im Waisenheim besuchen, das dank der eigenen Spendenbereitschaft in die Schule gehen und mit einer echten Zukunft rechnen könne.

»Und wie sieht der Ausfluss denn nun genau aus?«
Das Wartezimmer als Zone der Entwürdigung

Ein ungelöstes Rätsel: Warum will jeder Zahnarzt immer dann plaudern, wenn sich im weit aufgerissenen Mund des hilflosen Patienten neben vier Tamponaden ein dünner Plastikschlauch befindet, der mit einem schlürfenden Geräusch Speichel absaugt? Vielleicht ist ihm einfach langweilig, da ist ihm der Dialog mit einem Gesprächspartner, der außer gurgelnden Phantasiegeräuschen wenig beizutragen hat, lieber als gar keiner.

Arzt und Patient finden nicht immer zueinander; klar, dass der Urologe, der gerade den dreißigsten Hoden in dieser Woche abtastet, ein bisschen Abwechslung braucht und nebenher plaudern will; wer allerdings gerade krampfhaft eine Erektion zu unterdrücken versucht, fühlt sich womöglich nicht in Stimmung, Rechenschaft über seine aktuellen Urlaubspläne abzulegen.

Die Tortur des Arztbesuches beginnt meist schon im Wartezimmer; fast jede Arztpraxis verfügt über einen Anmeldetresen, der fließend ins Wartezimmer übergeht: eine ganze Reihe gelangweilter Wartender tut also so, als würden sie gerade begierig »Schöner wohnen« studieren, während sie in Wahrheit genüsslich den Dialog des Patienten mit der sadistischen, viel zu laut sprechenden Arzthelferin verfolgen (»Und wie genau sieht der Ausfluss nun aus?«). Nicht nur die eigene Versichertenkarte, auch die eigene Würde gibt man in die Hände des Praxispersonals, das nicht selten einen Hang dazu hat, seine kümmerliche Macht auszuspielen, die ihm durch das Tragen weißer Birkenstock verliehen wird. Also bleibt die eigene Stuhlprobe noch eine Viertelstunde lang auf dem Anmeldetresen stehen, bis sich jemand bequemt, sie wegzuräumen. Derweil hat man sich in den Wartebereich begeben und grollt über raffgierige Wartende, die *Spiegel*, *stern*, *Brigitte* und die aktuelle *Gala* auf dem Schoß bunkern – man kann ja nie wissen, wie lange die Wartezeit noch dauert. Also vertieft man sich schmollend in ein zwei Monate altes *Ärzteblatt* und lauscht den Dialogen am Tresen. Schadenfroh verfolgt man, wie der besserwisserische Patient niedergebellt wird, der seine Symptome gegoogelt und mit einer fertigen Diagnose aufgewartet hatte.

»Super schön, dass man im Oktober noch draußen sitzen kann …«
Der Frischluftfanatiker als Ärgernis

Es gab sie schon immer, diese Leute, denen einfach nie kalt wird. Oder nie zu kalt zumindest. Meist waren das auch die Schüler, die früher nach jeder Mathestunde wie kurz vorm Erstickungsanfall »Hier ist ja 'ne Luft wie im Pumakäfig!« brüllten, sofort zu allen Fenstern hechteten und sie aufrissen, während man selbst mit hochgezogenen Schultern fröstelnd in die molligen Lagen seiner Zwiebelmode sank und sich nicht traute, den Frischluftfanatiker in seine Schranken zu weisen.

Auch zu Jahreszeiten, die es eigentlich nicht zulassen, bestehen die Frischluftfanatiker auf einen Außenplatz im Café. Meldet man wettertechnische Bedenken an, fallen Begriffe wie »Frostbeule« und Sätze wie »Wenn uns kalt wird, können wir doch reingehen!«, wobei erstens völlig klar ist, wem von beiden kalt werden würde, und zweitens die Sitzplatzdiskussion hiermit beendet ist. Ehe man erneut Einwände äußern kann, hat sich der Frischluftfanatiker bereits in eine vom Café bereitgestellte Decke gemummelt und niedergelassen. »Ey, guck mal, da ist doch auch ein Heizpilz!«, flötet er noch und hat damit endgültig gewonnen, während einem selbst der eisige Wind die Lippen zu einem ledernen Strich gerbt.

Der Frischluftfanatiker drängt den Drinnensitzer in eine unattraktive Rolle. In die des Nörglers nämlich, der »zu kalt, zu nass, zu ungemütlich« krakeelt, obwohl man es doch wenigstens mal ausprobieren könnte. Dem Frischluftfanatiker hingegen wird die Rolle des offenen, experimentierfreudigen Lebemanns zuteil, der dem Treiben auf der Straße zusehen will und sich nicht im muffigen Interieur vor Wind und Welt verschanzt. Automatisch erhält der Drinnensitzer das Stigma des Lethargikers, der auch im Sommer lieber rauchend vor der Glotze hängt, während der andere in luftigen Baumwollgewändern und mit Picknickkorb die Seen der Region besucht.

Gleichzeitig wäscht sich der Frischluftfanatiker vom Vorwurf des Bestimmers frei, denn er hat ja einen Kompromiss angeboten, indem er sagte, dass man ja reingehen könne, wenn es zu kalt würde. Natürlich ist das aber nur ein vermeintlicher Kompromiss, denn wenn der Drinnensitzer später doch noch mal erwähnt, dass es zu kalt ist, unterbricht der Frischluftfanatiker nur kurz den Gesprächsfluss – und reicht ihm noch eine weitere Decke.

Die Temperatur wird nur noch ein einziges Mal an diesem Tag Thema sein. Dann nämlich, wenn der Frischluftfanatiker gegen Mitternacht mit rosigen Wangen »Jetzt wird's langsam frisch, ne?« sagt und sich mit Blick auf das zähneklappernde Gegenüber gutgelaunt die Hände reibt. Als das Gegenüber schon aufsteht und versucht, die eisigen Zehen zu bewegen, folgt der Zusatz des Frischluftfanatikers: »Aber ein Bierchen nehmen wir noch, oder?«

Vielleicht ist es bodenlose Ignoranz. Vielleicht aber auch ein hinterhältiger Schachzug, weil den Frischluftfanatiker die wimmernde, zitternde Mimose gegenüber auch ziemlich wütend macht.

Schwanzwedelnd wackelt der Hund von dannen, während der Fußgänger würgend sein Schuhprofil an der Bordsteinkante abschabt.
Großstadtproblem Nummer eins: Hundekacke

Meist tritt man in einen Hundehaufen, wenn es gerade wirklich nicht passt: Beim Date, mit den neuen Schuhen, vorm Bewerbungsgespräch. Der Hundehaufen ist dann auch kuhfladengroß, von der Konsistenz einer gelungenen Mousse au Chocolat, und der Täter ist über alle Berge. Das Opfer redet sich noch fünf Minuten lang ein, es würde sich lediglich um klebende Blätter an seinem Schuh handeln, und schleift beim Gehen den betroffenen Fuß über den Asphalt, als würde er an einer Gehbehinderung leiden. Sobald der beißende Verwesungsgeruch jedoch nicht mehr ignorierbar in seine Nase und die des Begleiters gezogen ist, kann das Problem nicht mehr ungenannt bleiben.

Von Würgekrämpfen geschüttelt scharrt der betroffene Passant mit dem Fuß im Grünstreifen und missbraucht Bordsteinkanten, bevor er sich ein Stöckchen sammelt und beginnt, die Fäzes des ihm unbekannten Hundes aus dem Profil seiner Sohle zu kratzen. Mitleidige Menschen laufen mit angeekelten Mienen an ihm vorbei, ihm, der dieses Paar Schuhe nun eigentlich entsorgen kann, weil es für immer entweiht sein wird.

Hundehaufen auf Bürgersteigen sind ein Problem in Großstädten. Überall dort, wo viele Hunde leben, deren Auslauf sich zuweilen auf die Runden um den Block beschränkt. Die schluderigen Herrchen reagieren offensiv, wenn sie von der Hundehaufenpolizei (andere Bewohner) zur Rede gestellt werden: Fast nie stammelt einer, er habe heute sein Kotbeutelchen vergessen und werde es schnell zu Hause holen gehen, ob man in der Zeit den Haufen bewachen könne, damit niemand hineinsteigt. Stattdessen wird mit der Ableinung von Rottweilern gedroht und das Totschlagargument bemüht: »Ich zahl doch auch Hundesteuer.«

Wo es ein Problem gibt, sind »Problemateure« natürlich nicht weit: Hektische Menschen mit abfälligen Gesichtern, die kopfschüttelnd stehen bleiben, Zitronenmünder ziehen und ihre Kinder noch etwas fester an die Hand nehmen, sobald sich ein Hund verschämt und schüchtern in Stuhlgangshaltung begibt – so als wäre der Stuhlgang per se schon eine Unverfrorenheit des Halters. Die Kontrolleurshaltung vieler hundeloser Passanten geht so weit, dass sie lauernd warten, ob man dem Dackel ins Geäst hinterherkriecht, mit Zecken in der Kapuze und Dornen in der Strumpfhose aus dem Hagebuttenstrauch wieder herausfindet und ein gefülltes Säckchen aufweisen kann.

Und was im Bereich Tierhaltung schwarze Schafe sind, wird von den Problemateuren zum stigmatisierenden Massenphänomen stilisiert. Jeder Hundebesitzer wird zum potentiellen Täter. Dass dieses Verhalten in anderen Bereichen Diskriminierung genannt wird, stört sie nicht. Ein kleines bisschen Genugtuung stellt sich daher ein, wenn sie wieder mal in einen Haufen getreten sind, den sie »Tretmine« nennen. Es geschieht ihnen recht.